SÉRIE SUCESSO PROFISSIONAL

Empresas Ecológicas

BIBI VAN DER ZEE

UM LIVRO DORLING KINDERSLEY
www.dk.com

© 2009 Dorling Kindersley Limited, Londres, uma companhia da Penguin. "Green Business" foi publicado originalmente na Grã-Bretanha em 2009 pela Dorling Kindersley Limited, 80 Strand, Londres, WC2R 0RL, Inglaterra.

© 2010 Publifolha – Divisão de Publicações da Empresa Folha da Manhã S.A.

Todos os direitos reservados. Nenhuma parte desta publicação pode ser reproduzida, arquivada ou transmitida de nenhuma forma ou por nenhum meio sem permissão expressa e por escrito da Publifolha – Divisão de Publicações da Empresa Folha da Manhã S.A.

Proibida a comercialização fora do território brasileiro.

PUBLIFOLHA
Divisão de Publicações do Grupo Folha
Al. Barão de Limeira, 401, 6º andar, CEP 01202-900, São Paulo, SP
Tel.: (11) 3224-2186/2187/2197
www.publifolha.com.br

COORDENAÇÃO DO PROJETO
PUBLIFOLHA
EDITORA-ASSISTENTE: Paula Marconi de Lima
COORDENADORA DE PRODUÇÃO GRÁFICA: Soraia Scarpa
PRODUTORA GRÁFICA: Mariana Metidieri

PRODUÇÃO EDITORIAL
EDITORA PÁGINA VIVA
TRADUÇÃO: Rosemarie Ziegelmaier
EDIÇÃO FINAL: Rosi Ribeiro
REVISÃO: Mariana Zanini e Laura Vecchioli
PRODUÇÃO GRÁFICA: Priscylla Cabral
ASSISTÊNCIA DE PRODUÇÃO GRÁFICA: Bianca Galante

DORLING KINDERSLEY
EDITOR SÊNIOR: Peter Jones
EDITORA DE ARTE SÊNIOR: Helen Spencer
EDITORA-EXECUTIVA: Adèle Hayward
GERENTE DE EDIÇÃO DE ARTE: Kat Mead
DIRETOR DE ARTE: Peter Luff
DIRETOR EDITORIAL: Stephanie Jackson
EDITOR DE PRODUÇÃO: Ben Marcus
GERENTE DE PRODUÇÃO: Hema Gohil
EDITORES: Louise Abbott, Kati Dye, Maddy King, Marek Walisiewicz
DIAGRAMADORES: Darren Bland, Claire Dale, Paul Reid, Annika Skoog, Lloyd Tilbury

Este livro foi impresso em setembro de 2010 na Corprint, sobre papel couché fosco 115 g/m².

Dados Internacionais de Catalogação na Publicação (CIP)
(Câmara Brasileira do Livro, SP, Brasil)

Zee, Bibi van der
  Empresas Ecológicas / Bibi van der Zee ; [tradução Rosemarie Ziegelmaier] . – São Paulo : Publifolha, 2010.
  – (Série Sucesso Profissional)
    Título original : Green Business.
    ISBN 978-85-7914-232-1

  1. Empresas privadas - Aspectos ambientais 2. Marketing ecológico 3. Responsabilidade social das empresas. I. Título. II. Série.

10-08614   CDD-658.4083

Índices para catálogo sistemático:
  1. Empresa verde : Práticas econômicas sustentáveis : 658.4083
Administração

A grafia deste livro segue as regras do Novo Acordo Ortográfico da Língua Portuguesa.

Sumário

04 Introdução

CAPÍTULO 1

O meio ambiente e o mundo dos negócios

06 Razões para tornar-se verde

10 Por que o clima está mudando?

14 Iniciativas mundiais

CAPÍTULO 2

Como criar uma estratégia verde

16 Primeiros passos

18 Planejamento da estratégia

22 Envolvimento da equipe

24 Autoavaliação

28 Redução do uso de energia

32 Desperdício mínimo

36 Transporte racional

38 O papel dos fornecedores

40 Modelo financeiro sustentável

CAPÍTULO 3
Como divulgar a estratégia

- **42** Mercado consciente
- **44** Uma política consistente
- **46** Divulgação e marketing
- **50** De olho no consumidor

CAPÍTULO 4
Rumo ao futuro

- **52** Como se preparar
- **54** Em dia com a tecnologia
- **56** Uso de energia
- **60** Combustíveis verdes
- **62** Mercado de carbono
- **66** Informe das emissões
- **68** Novas oportunidades

- **70** Índice
- **72** Agradecimentos

Introdução

Com notícias diárias sobre temperaturas extremas, desastres naturais, inundações e secas, além das energias renováveis, pegada de carbono, reciclagem e reaproveitamento de recursos naturais, o meio ambiente nunca esteve tão presente nas manchetes. Governos de todo o mundo se esforçam para criar acordos internacionais que ajudem a conter o impacto da atividade humana sobre o planeta, definindo resoluções que irão afetar o cotidiano das empresas.

Mas a situação é urgente demais para depender apenas da iniciativa governamental. Muitos consumidores já esperam que as empresas assumam a responsabilidade por suas ações e querem saber quais são as políticas para a construção de um futuro sustentável. Mais do que nunca, será essencial comunicar as medidas de responsabilidade ambiental de forma eficiente.

Este livro foi desenvolvido para ajudar na tomada de decisões e traz alternativas, sugestões e orientações concretas para quem quer se tornar verde. Os estudos de caso mostram o que outras organizações já fizeram e apresentam argumentos para quem precisa defender a adoção de uma linha adequada às novas necessidades ambientais. Todas as pessoas e empresas podem fazer a diferença, mas é preciso agir logo.

Capítulo 1

O meio ambiente e o mundo dos negócios

Está cada vez mais claro que nosso planeta enfrenta sérios riscos. As preocupações com a ecologia ganham mais espaço e apresentam novos desafios, que não podem ser ignorados pelas empresas.

Razões para tornar-se verde

Para as organizações, adotar uma postura ecológica – incorporando questões ambientais na estratégia, por exemplo – significa gastar dinheiro. No entanto, está cada vez mais claro que o descuido com o ambiente envolve custos, e quem ignorar essa realidade terá problemas no futuro.

Por que mudar?

Adotar uma estratégia com preocupações verdes não é mais sinônimo de uma indulgência que não tem reflexos nos resultados da empresa, nem de uma medida "de fachada", com poucos efeitos para a preservação do planeta a longo prazo. Cada vez mais rejeita-se a ideia de que não existe possibilidade de crescimento ou oportunidades para uma empresa com consciência ambiental. Apesar da turbulência econômica do início do século 21, ficou uma lição: os atuais líderes são organizações que adotaram políticas ambientais sérias – e lucraram.

Abrindo caminhos

Diante da mudança no cenário do comércio internacional e da ampla insegurança em relação ao futuro, a migração para uma postura ecológica pode parecer ousada demais. Mas algumas das empresas de maior sucesso tomaram a decisão de se reformular de modo a acentuar a atuação ambiental e melhorar sua imagem no mercado, conseguindo economizar dinheiro e ainda se proteger contra eventuais danos ambientais. Empresas como a Pelamis – que produz energia a partir das ondas – e a Toyota – autora de projeto e desenvolvimento de motores flex que a destacaram no setor automobilístico – são exemplos de nomes que estão pavimentando o caminho. Além de apresentar novas tecnologias, apontam para as oportunidades do futuro.

Um passo à frente

Em todo o planeta, começam a ser implantadas ou aprimoradas regulamentações que deixam claro que as organizações que causam danos ao ambiente estarão sujeitas a multa ou terão atuação restrita. Também aumentam as demandas por transparência, o que significa que será cada vez mais difícil omitir ou "maquiar" posturas pouco éticas ou práticas que prejudicam o planeta. Além disso, da mesma forma como os investidores tendem a fugir de empresas com histórico de saúde financeira ou de segurança pouco confiáveis, as organizações poluentes ou sem consciência ambiental serão deixadas de lado pelos mercados. Quem já tiver tomado as medidas para entrar no "caminho verde" terá mais chances de sair na frente.

🔍 PARA PENSAR... MOTIVOS PARA SE TORNAR UMA EMPRESA VERDE

A adoção de estratégias sérias e realmente voltadas para uma postura ecológica tende a aumentar a eficiência e os lucros da organização:

- O não preenchimento de critérios ambientais pode excluir a empresa em diversos contratos, às vezes até de negociações com o governo.
- Um estudo realizado na Inglaterra mostrou que quase a metade dos jovens profissionais não pretende aceitar propostas para trabalhar em empresas de atuação pouco ética.
- Medidas verdes, como o estímulo para que os profissionais trabalhem em casa, muitas vezes geram ganho na produtividade das equipes.
- A adoção de práticas ambientais sustentáveis pode resultar no corte de custos e aumento dos lucros.

ESTUDO DE CASO

Ganhos concretos

Vinte anos depois de começar a reduzir os gases responsáveis pelas mudanças climáticas, a empresa norte-americana DuPont, que em 2004 teve lucros de US$27,3 bilhões, calcula que economizou US$3 bilhões. O processo começou com a avaliação das emissões em 1991, seguida de um investimento de US$50 milhões para reduzir a poluição em algumas unidades de produção (em alguns casos, em até 55%). O gasto de energia caiu 9% mesmo com o crescimento da empresa. Essa iniciativa de olho no futuro colocou a DuPont à frente de um setor que começa a se mover para conter as mudanças climáticas, e serve de exemplo para outras organizações que desejam seguir o mesmo caminho.

Pressão do consumidor

Um dos argumentos decisivos para as organizações que querem se tornar verdes é a opinião do consumidor. Pesquisas sobre a sustentabilidade e a preocupação ambiental revelam preferência e aumento da demanda por produtos de fabricantes vistos como responsáveis ou adeptos de práticas sustentáveis. Em um estudo, mais de 25% dos consumidores declararam não comprar produtos de empresas que prejudicam o ambiente. Quem convencer o consumidor de que o dinheiro gasto com a compra de seus itens não prejudica o planeta vai encontrar um mercado receptivo.

O planeta pede socorro

A principal razão para a necessidade de mudanças na atitude das empresas é a rápida transformação do ambiente. A industrialização vem criando um crescente desgaste no planeta, com a invasão urbana em áreas usadas para o cultivo e várias espécies de fauna e flora sob ameaça de extinção, por causa da destruição de seus habitats. A poluição causada pelas indústrias altera os ecossistemas dos rios e oceanos, enquanto a poluição do ar dificulta a vida nas áreas urbanas. Falta espaço para acomodar a imensa quantidade de lixo. Os recursos naturais começam a se esgotar, as florestas perdem área e o petróleo usado para mover as comodidades da vida moderna não vai durar muito. Não há como negar que tantas ameaças geram questões que precisam ser solucionadas. Mas o maior desafio ambiental são as mudanças climáticas. Em 2007, o Painel Intergovernamental de Mudanças Climáticas (IPCC, em inglês), organismo ligado à ONU, divulgou o quarto relatório sobre alterações climáticas e deixou claro que a atmosfera da Terra está aquecendo, provavelmente em consequência da ação do homem.

O painel também olhou para o futuro, prevendo que, se não reagirmos, as mudanças nas condições climáticas poderão afetar as colheitas, levar animais e plantas à extinção e provocar enchentes e epidemias. A conclusão dos estudos do IPCC é que, sem uma ação efetiva, a longo prazo as mudanças climáticas poderão "ultrapassar a capacidade de adaptação dos sistemas natural e humano".

PARA PENSAR... MAIS DO QUE CIFRÕES

Pessoas, planeta e lucro são os três fatores que constituem o *triple bottom line*, conhecido como "tripé da sustentabilidade". Segundo esse conceito, as empresas não devem medir seu desempenho apenas pelos ganhos financeiros mas também pelo capital humano – bem-estar tanto dos colaboradores como da comunidade – e pelo capital ambiental, que envolve os recursos extraídos da natureza. Com a redução das reservas naturais, não é mais possível tratar o planeta como uma fonte infinitamente renovável. A nova forma de calcular ganhos reconhece essa condição e estimula as organizações a preservar recursos.

Por que o clima está mudando?

Até a Revolução Industrial, as alterações ambientais tinham causas naturais e eram parte do ciclo da vida. Os hábitos modernos, porém, vêm provocando sérios danos ao planeta. Se esse comportamento não for alterado rapidamente, a vida na Terra pode se tornar impossível.

Temperaturas mais altas

*Gases do efeito estufa – *todos os gases que, ao chegarem à atmosfera, contribuem para o aquecimento da Terra.*

*Dióxido de carbono – *gás carbônico; também chamado apenas de "carbono".*

*Antropogênico – *resultante da atividade humana.*

No último século, o clima da Terra ficou mais quente e a temperatura média da superfície aumentou cerca de 0,75 °C. O clima do planeta sempre apresentou variações naturais, com períodos mais quentes e outros mais frios – como a glaciação –, mas desta vez os cientistas acreditam que o recente aquecimento decorre da atividade humana. Atribui-se a causa aos gases do efeito estufa* (GEE) que a humanidade produz em quantidades crescentes, sobretudo o dióxido de carbono* (CO_2), além do óxido nitroso (N_2O), do metano (CH_4) e de um grupo de gases conhecidos como halocarbonos. O aumento da temperatura no último século coincide com a alta da produção desses gases por ação antropogênica*.

Efeito estufa

Os estudiosos acreditam que o acúmulo de gases na atmosfera está contribuindo para um processo conhecido como efeito estufa. A energia enviada pelo Sol à Terra é absorvida pela superfície do planeta, que a devolve. No entanto, a camada de gases impede que essa energia volte para o espaço, radiando-a de volta à Terra e elevando a temperatura. Com o aumento dos gases do efeito estufa, o clima fica ainda mais quente.

PARA PENSAR... GASES PREJUDICIAIS

- O dióxido de carbono ou gás carbônico (CO_2) é produzido pela queima de combustíveis fósseis, como petróleo e carvão, para gerar eletricidade e abastecer veículos, além da produção de cimento.
- O gás metano (CH_4) é gerado pela decomposição de matérias orgânicas, como ocorre nos aterros. A agricultura, em especial as emissões gasosas de animais de fazenda, também geram este gás.
- O óxido nitroso (N_2O) é produzido naturalmente pelas bactérias que vivem nos mares e no solo, mas as emissões antropogênicas subiram por causa dos fertilizantes com nitrogênio e dos detritos animais.
- Os halocarbonos, como os clorofluorcarbonos (CFCs), contribuem para o efeito estufa.
Até o final da década de 1980 eram comuns nos sprays tipo aerossol, mas a legislação limitou seu uso.

Mais emissões

As principais fontes de gases do efeito estufa (GEE) de origem antropogênica são (em ordem decrescente): produção de energia, indústria, desmatamento, agricultura e transporte. Todas as empresas geram emissões ao usar eletricidade para funcionar, ao manufaturar seus produtos, ao utilizar recursos e matérias-primas, ao gerar resíduos. Além disso, há os processos de transporte para armazenamento e distribuição dos materiais prontos.

De todos os gases do efeito estufa, o gás carbônico é o que mais contribui para as mudanças no clima do planeta. As emissões anuais de CO_2 aumentaram cerca de 80% entre 1970 e 2004, e os níveis de CO_2 na atmosfera hoje estão mais elevados do que já foram em 650 mil anos.

Impactos globais

As consequências das alterações serão diferentes nos vários locais do planeta e cada país pode enfrentar desafios peculiares. O aquecimento dos oceanos e o derretimento das calotas polares já resultam na elevação do nível do mar, o que expõe as áreas mais baixas ao risco de inundações. Este quadro ameaça cidades como Hong Kong, Londres, Nova York, Xangai e Tóquio. A desertificação é um risco para algumas regiões da Austrália, África e partes do Extremo Oriente, e estima-se que um aumento de 4°C na temperatura global irá se refletir no amplo declínio das colheitas. Algumas regiões já assistiram a um agravamento das condições climáticas – o que os especialistas esperam que se acentue, caso o aquecimento prossiga.

Custos e responsabilidades

É certo que o aumento dos custos em decorrência das mudanças climáticas trará consequências importantes para o mundo dos negócios. As seguradoras, por exemplo, perceberam o risco que o fenômeno causa, e seus sistemas de cálculos passaram a levar em conta os efeitos das alterações no clima. A elevação dos preços da energia é uma questão que preocupa todos os setores, assim como as complicações com o armazenamento de lixo. Tudo indica que as leis e regulamentações do futuro terão de criar novas responsabilidades.

CUSTOS PARA O FUTURO:

US$160 bilhões
Potencial aumento nos prejuízos com tempestades e inundações na Europa em 2080, se as emissões de CO_2 dobrarem

US$150 bilhões
Projeção dos gastos com seguro por danos causados por furacões nos EUA em 2080, se as emissões de CO_2 dobrarem

US$14 bilhões
Aumento estimado nas indenizações de seguros por tufões no Japão, se a temperatura aumentar 2°C

Necessidade de adaptação

Diante das principais transformações que as mudanças climáticas trarão ao mundo das empresas, tanto os países como as organizações terão dois caminhos. Em primeiro lugar, pode-se tomar medidas para conter os efeitos da mudança de clima reduzindo-se as emissões de gás carbônico. Se isso for feito, será possível diminuir a necessidade de uma segunda reação ao aquecimento global: a adaptação. Com as mudanças no ambiente, os governos e as empresas terão de se adaptar para lidar com novos desafios e aproveitar novas oportunidades.

ALGUNS IMPACTOS:

200 milhões
Total de refugiados no planeta vítimas de secas e inundações em 2050, se a temperatura aumentar 2-3°C

33%
Redução estimada nas culturas agrícolas do continente africano, se a temperatura aumentar 4°C

10,8%
Redução estimada no PIB da China, se o nível dos oceanos subir 5m

Iniciativas mundiais

A comunidade internacional se uniu para buscar soluções capazes de conter as ameaças das mudanças climáticas, e as consequências dessas decisões serão sentidas no mundo dos negócios. Ao mesmo tempo, alguns países já começaram a implantar medidas para deter as mudanças e se adaptar aos efeitos de um clima em transformação.

Definição de parâmetros

A história já mostrou que a tomada de decisões e a regulamentação podem conter problemas ambientais. Na década de 1970, por exemplo, o governo japonês decidiu controlar a eliminação de resíduos tóxicos e a poluição do ar causada pelas indústrias por meio da criação da Agência do Meio Ambiente e da adoção de regulamentações rígidas. Os níveis de poluição do ar caíram enquanto a indústria continuou a crescer.

Há mais de duas décadas, a atenção às consequências das mudanças climáticas ocupa um lugar de destaque na agenda internacional. Na Eco 92, realizada no Rio de Janeiro, a ONU fundou o Framework Convention on Climate Change (FCCC). Neste histórico tratado ambiental, os signatários se comprometeram a reduzir os níveis das emissões de gases poluentes a números anteriores aos de 1990. O Protocolo de Kyoto foi assinado no Japão em 1997 e seus signatários firmaram o compromisso de diminuir até 2012 suas emissões em 6 a 8% abaixo dos níveis de 1990. No entanto, os Estados Unidos – um dos maiores emissores de gás carbônico do planeta – não assinaram o documento e não estão comprometidos a seguir a meta.

Em 2007, na Conference of the Parties (COP13), foi criado o Bali Roadmap, como uma etapa na busca de um acordo final para o sucessor de Kyoto.

Medidas globais

Os desafios enfrentados por cada nação e as medidas para solucioná-los terão consequências para as empresas que atuam ou pretendem atuar nesses locais.

- Na Índia, por exemplo, o rápido crescimento demográfico tem causado problemas ambientais. Em contrapartida, tornou-se o quarto maior produtor de energia eólica do mundo, e vem estimulando o desenvolvimento de outras fontes renováveis de energia.

- Na Europa, foi criado o European Emission Trading Scheme (ETS), o principal sistema de comercialização de carbono do mundo. A política agrícola europeia sofreu mudanças para estimular a adoção de práticas sustentáveis de cultivo.

- No Brasil, o maior desafio é conter o desmatamento, que também é responsável por alterações no clima mundial. Os negociadores internacionais estão se esforçando para incluir a preservação das florestas no documento que irá suceder o acordo de Kyoto.

- Na China, a prioridade é encontrar soluções para a poluição do ar e o trânsito nas cidades densamente povoadas. O governo assumiu a tarefa de aperfeiçoar os sistemas de reciclagem industrial, o uso da água e a eficiência energética, além de construir ecocidades, nas quais não circulam carros nas regiões centrais e sistemas de alta tecnologia controlam o gasto de energia.

Capítulo 2
Como criar uma estratégia verde

Planejar estratégias a longo prazo para colocar uma empresa na pista verde envolve um processo amplo e cuidadoso. É o começo de uma trajetória que irá revolucionar tanto a forma de atuar como o modo de pensar das pessoas.

Primeiros passos

Algumas das empresas mais bem-sucedidas do planeta hoje colocam a responsabilidade ambiental como uma de suas prioridades. Essas organizações promoverem mudanças para incorporar a consciência ambiental a suas estratégias de negócios.

O papel do líder

Mudar a estratégia de uma empresa para torná-la verde é um território desconhecido e povoado por incertezas. Muitas das organizações pioneiras no processo de redução do impacto ambiental e busca da sustentabilidade agiram por conta própria, descobrindo caminhos por meio da experimentação. No entanto, com o aumento da legislação ambiental e da pressão dos consumidores, cada vez as empresas têm menos espaço para ignorar as questões ambientais. Quem sair na frente será referência em seu setor de atuação, enquanto quem hesitar diante dessa nova realidade tende a ficar para trás.

Compromisso e determinação

Na condição de pioneiro no processo de transformação, você terá de superar dificuldades e alterar algumas crenças consolidadas há tempos. Algumas das formas habituais de procedimento terão de ser abandonadas. Talvez seja preciso investir na compra de equipamentos novos ou na reestruturação dos processos, e para isso é necessário contar com a adesão da equipe, dos clientes e dos investidores, que às vezes precisam ser convencidos. Podem ocorrer erros (alguns sérios) no trajeto, e nesses casos deve-se voltar atrás e recomeçar. Por isso, quem decide mudar precisa estar realmente comprometido e acreditar que optou pelo caminho certo, pois há muitas pessoas envolvidas. Vale lembrar que não se trata de uma atuação restrita aos limites da empresa, mas que envolve o futuro de sua família, dos amigos e do planeta: tudo o que realmente importa.

DICA

POSTURA POSITIVA

Adote uma postura firme e aberta em relação à mudança de estratégia da sua empresa e seja claro quanto às suas convicções.

PENSAMENTO VERDE

PISTA CERTA	CONTRAMÃO
Buscar potenciais e possibilidades	Buscar motivos que impedem a mudança de postura da empresa
Disposição para fazer uma análise honesta das atividades da empresa	Preferir ignorar os problemas da organização em vez de enfrentá-los
Comprometimento do líder e da equipe com o processo	Decidir implantar a estratégia sem envolver as demais pessoas
Adotar uma postura positiva em relação ao que pode ser feito	Criar um ambiente de ansiedade e insegurança

Planejamento da estratégia

Uma estratégia sustentável envolve o pensamento por etapas, com o uso dos recursos e da energia de forma moderada, levando-se em conta que são finitos, e a concepção de todo o ciclo de vida do produto – do momento em que deixa a fábrica ao término de sua utilidade principal. Para isso, é preciso avaliar o presente com o olhar voltado para o futuro.

Processo cíclico

A adoção de uma estratégia ecológica exige uma avaliação criteriosa da forma como você atua. A abordagem tradicional costuma ser basicamente linear: criação e desenvolvimento de um produto, entrada em produção, e colocação no mercado. Mas esta trajetória não considera o que acontece depois que os itens deixam as prateleiras ou qual o destino dos resíduos: recursos como água, combustível e papel muitas vezes são usados sem preocupação, ignorando-se as possibilidades de reciclagem.

Como os recursos estão cada vez mais escassos e mais caros (e o planeta sob ameaça), este pensamento tornou-se inadequado. A sustentabilidade precisa ser incorporada ao modo de pensar das empresas, da estratégia de negócios ao produto final. Deve-se encarar os resíduos como um recurso potencial e, ao selecionar as matérias-primas, considerar se têm origem sustentável em vez de se limitar a calcular o preço.

Comece a pensar de forma cíclica. Não se limite a dar o pontapé inicial em sua estratégia e esperar os elogios. É preciso buscar sempre novas soluções, rever as metas iniciais e corrigir a rota quando for necessário. Pense em todo o processo como um constante ciclo de melhorias.

> **DICA**
>
> **PENSAMENTO OUSADO E INOVADOR**
>
> Prepare-se para reconsiderar todos os aspectos do seu negócio, dos resíduos produzidos ao modo de usar a energia, passando pelas embalagens e pelas práticas de seus fornecedores.

Como "pensar verde"

1 ESTUDE O PANORAMA
Pense em sua empresa como um todo: o que ela produz, a quem se destina e o que espera do futuro?

2 PENSE NO AMANHÃ
Tente definir as expectativas da organização a curto e a longo prazos.

3 AVALIE SEU PAPEL
Analise o impacto ambiental da empresa hoje e procure opções.

4 CRIE METAS
Defina objetivos específicos e datas para aferir os primeiros resultados.

5 DETERMINE SUA TÁTICA
Procure caminhos tanto inovadores como convencionais para atingir os objetivos.

6 IMPLEMENTE SUA ESTRATÉGIA
Explique para a sua equipe o que deve mudar e ajude-a a colocar a estratégia em prática.

7 DIVULGUE A NOVA POSTURA
Informe os clientes e acionistas sobre as mudanças e explicite os motivos.

8 SEJA CRÍTICO
Reavalie e atualize sua forma de pensar analisando o que mudou de fato desde o início.

COMO... ATINGIR SUAS METAS

REDUZA
tente diminuir o consumo de energia ou as viagens de negócios

SUBSTITUA
procure equipamentos mais econômicos ou veículos não poluentes

INOVE
encontre formas de aproveitar os resíduos ou crie novas tecnologias

PESQUISE
compre ou troque créditos de carbono

Definição de objetivos

O planejamento estratégico envolve a criação de uma visão a longo prazo, com a definição clara das metas desejadas e a escolha das táticas para chegar aos resultados. Grandes organizações costumam definir as metas de longo prazo detalhadamente, mas a abordagem vale também para empresas pequenas.

No entanto, a definição das estratégias ecológicas enfrenta uma dificuldade: até agora, não existe um caminho pavimentado sobre estratégia ambiental e redução de carbono. Mas esta notícia pode ser boa: afinal, ser o pioneiro no seu setor tende a render bons resultados.

Ao determinar os objetivos, tente manter uma postura aberta. Você pode querer dar preferência a medidas de maior impacto entre os consumidores, como investir na redução das emissões de gás carbônico. No entanto, isso não justifica uma menor atenção a outros aspectos do seu impacto ambiental, como a reavaliação do uso dos resíduos ou a gestão de recursos, por exemplo. A ação consistente – com a certeza de que a empresa conhece e respeita os padrões internacionais de sustentabilidade – será um aspecto cada vez mais importante para quem quiser de fato adotar uma estratégia verde.

Ponto de partida

Para ter êxito, é essencial implantar a estratégia de forma correta. Depois de definir os objetivos com clareza e identificar as táticas para atingi-los, o passo seguinte consiste em comunicar essas metas à equipe e certificar-se de que todos entendem o que irá mudar e quais os motivos. Com a estratégia implantada, é preciso contar com um sistema eficiente para acompanhar o progresso e conferir se os caminhos escolhidos estão corretos.

ESCOLHA DOS CAMINHOS

SETOR	METAS PREVISTAS	TÁTICA
Sustentabilidade geral da sua empresa	Definir uma estratégia de negócios verdes e implantá-la em um ano e meio.	Monte uma equipe verde, com integrantes dedicados a criar e implantar a estratégia. Desenvolva e coloque no mercado alguns produtos com credenciais ecológicas e use-os para abrir caminhos.
Emissões de gás carbônico	Cortar as emissões em 10% ao ano ou chegar a uma neutralidade de carbono em uma data específica.	Implemente estratégias para reduzir as emissões de carbono, como a otimização do uso de energia e do sistema de transporte.
Gestão dos resíduos	Diminuir o total de resíduos gerados pela empresa em 30% em dois anos; ampliar a reciclagem; utilizar formas inovadoras de reaproveitar os resíduos.	Aponte um gestor para se incumbir do uso dos resíduos; busque estudos sobre formas de reduzir ou reutilizar o que sobra da produção; instale um sistema de reciclagem que incorpore todas as operações.
Adesão	Atingir envolvimento total até o final do ano.	Encarregue um integrante da equipe de aferir o envolvimento ao projeto. Se for preciso corrigir a estratégia, apoie as medidas.
Uso dos recursos	Implementar uma estratégia de compras verdes; reduzir o uso da água em 10% em dez meses; reduzir o uso de recursos.	Use materiais reciclados sempre que possível; substitua os equipamentos por modelos que economizam água ou energia; calcule o custo do desperdício para estimular a reciclagem e a redução do uso.
Créditos de carbono e novas tecnologias	Identificar quatro possíveis compras em quatro meses.	Atribua a um colaborador a tarefa de identificar quatro alternativas; discuta os critérios para a decisão da compra.
Comunicação	Publicar relatórios sobre a responsabilidade social da empresa; envolver a organização em um projeto ecológico com a comunidade em seis meses.	Determine uma equipe para elaborar o relatório; pesquise sobre os possíveis projetos na comunidade.

Envolvimento da equipe

Para que a estratégia verde seja bem-sucedida, é preciso que todos os integrantes se comprometam com a implantação do projeto. Isso será mais fácil se você convencer as pessoas das vantagens que a mudança irá trazer para a empresa e permitir que cada um assuma seu papel.

Todos a bordo

É crucial envolver a equipe desde o início do projeto e deixar claro que você acredita que a adoção de uma estratégia ecológica será uma experiência positiva. Esclareça que todas as contribuições são bem-vindas e, quando uma ideia ou sugestão da equipe for incorporada à estratégia, dê os devidos créditos. Não se surpreenda se alguns colaboradores se mostrarem ansiosos em relação às mudanças anunciadas e esforce-se para conseguir o apoio dessas pessoas. Crie um espaço que permita o debate das propostas e a partilha das preocupações e não deixe nenhuma dúvida sem esclarecimento. É importante reconhecer os avanços e celebrar as conquistas, como a chegada a uma meta decisiva. Premiar quem colabora costuma contribuir para elevar o moral da equipe.

"Queremos boas ideias"

"Juntos, podemos fazer a diferença"

"Podemos pensar em bônus e prêmios"

"Precisamos da adesão de todos"

COMO... APRESENTAR A ESTRATÉGIA VERDE PARA A EQUIPE

- Explique que a mudança de postura irá trazer benefícios à empresa
- Apresente o impacto nos custos trazido por medidas de curto prazo, como as iniciativas para economizar energia
- Use estudos de caso para mostrar que outras empresas foram bem-sucedidas em mudanças similares
- Aponte os benefícios a longo prazo da priorização das medidas que podem evitar a necessidade de uma adaptação mais radical no futuro
- Ressalte as vantagens da nova postura para a imagem da empresa

Moral em alta

De acordo com algumas empresas que já adotaram uma estratégia voltada para a sustentabilidade, uma das principais vantagens do processo de tornar-se verde é a elevação do moral da equipe. Todas as pessoas querem sentir que estão "fazendo a sua parte" pelo meio ambiente e, de acordo com pesquisas, quem trabalha para organizações que fazem esforços sérios para reduzir o impacto ambiental se declara mais satisfeito com seu trabalho. A mudança de postura pode causar tamanha repercussão que algumas empresas consideram a "credencial da sustentabilidade" uma forma de atrair talentos do mercado, já que profissionais jovens e dinâmicos tendem a preferir empregadores em sintonia com as demandas do futuro.

ESTUDO DE CASO

Uma mudança planejada
Quando a Genzyme Corporation planejou sua nova sede nos Estados Unidos, decidiu que a sustentabilidade ambiental seria prioridade. O resultado foi um edifício de 12 andares que consome 42% a menos de energia e 34% a menos de água do que construções similares. Mas o mais notável é que 58% dos funcionários que trabalham no local declararam que se sentem mais produtivos do que nas instalações anteriores. Talvez por causa dos materiais usados na construção, escolhidos com o critério de liberar menos toxinas, a incidência de doenças entre os colaboradores também caiu na nova sede (5% a menos). Considerando que os salários respondem por uma porcentagem bem maior do que os gastos com energia nos custos de uma empresa, os benefícios financeiros para a organização, além dos ganhos para o moral da equipe, são inegáveis.

Autoavaliação

O passo inicial para mapear sua empresa e a forma de utilização dos recursos é recorrer a um estudo de impacto ambiental. Somente após esta avaliação será possível definir as metas essenciais para uma estratégia consistente. A medida pode servir para conhecer melhor o seu negócio.

Impacto ambiental

Um estudo de impacto ambiental tem por objetivo identificar o uso da energia, da água e dos recursos. Os técnicos avaliam cada aspecto como em uma auditoria financeira, mas sob uma abordagem totalmente nova. Submeter-se a alguma forma de auditoria sempre causa tensão – no entanto, não se trata de um controle fiscal, e sua empresa não será multada se surgirem aspectos falhos. Trata-se de um estudo positivo, destinado a ajudá-lo a melhorar sua forma de atuação. As informações detalhadas trazidas pela avaliação fornecem novos elementos para vislumbrar o futuro, além de ajudar a definir as metas e a fixar objetivos realistas.

Em todo o mundo, aumenta o número de empresas que prestam esse serviço. Algumas consultorias antigas criaram setores específicos, com profissionais treinados para esse tipo de estudo, mas há firmas de "auditoria verde" que atuam exclusivamente com a sustentabilidade. Antes de contratar uma empresa, confira a experiência e a idoneidade.

ESTUDO DE CASO

O valor da floresta em pé

Buscar ativos da biodiversidade brasileira, unindo o uso tradicional com o conhecimento científico para desenvolver uma linha de produtos inovadores. Com base nesse conceito ousado, a marca Ekos – da empresa de cosméticos Natura – lançou em 2000 um jeito inédito de fazer negócios de forma sustentável. Para a realização do projeto, a Natura estabeleceu parcerias com 19 comunidades, abrangendo ao todo 1.714 famílias, responsáveis pelo fornecimento de 14 ativos naturais usados na formulação dos produtos. A atividade de manejo agroflorestal, que se destaca pelo baixo impacto, valoriza o conhecimento local e mostra que todos tendem a ganhar quando se mantém a floresta em pé. A empresa também possui um programa de apoio a projetos de sustentabilidade em áreas urbanas.

Como funciona?

O foco de um estudo de impacto ambiental pode variar bastante de acordo com o tipo de empresa. No caso das indústrias pesadas, por exemplo, os especialistas podem se concentrar sobretudo na avaliação do uso da energia nas minas, fábricas e maquinários, além de analisarem o impacto causado pelo sistema de transporte, uso da água e destino dos resíduos. No caso de prestadores de serviços, como bancos, seguradoras ou agências de turismo, o estudo tende a avaliar mais de perto o uso da energia nos escritórios e o impacto da atuação da empresa no meio ambiente. Antes de contratar uma auditoria, identifique os aspectos de sua organização que você considera essenciais para essa investigação.

Quando souber quais são os aspectos essenciais, será preciso escolher o tipo de avaliação a ser feito. Algumas possibilidades são:
- **Uso de energia** Ajuda a reduzir as emissões de gás carbônico ao identificar onde sua empresa consome mais energia.
- **Desperdício** Ao apontar as fontes de desperdício, o estudo contribui para uma estratégia de redução de energia.
- **Uso da água** Identifica os processos nos quais é possível economizar água.
- **Sistema ambiental** Ajuda a montar um sistema de gestão ambiental levando em conta a equipe e a estrutura existentes.
- **Adequação** Este tipo de avaliação investiga se todos os aspectos da sua empresa estão em conformidade com as exigências do setor.

✅ PREPARE-SE SUA EMPRESA ESTÁ PRONTA PARA UMA AUDITORIA?

	SIM	NÃO
• A equipe foi informada sobre os objetivos do estudo?	☐	☐
• Ficou claro que as respostas devem ser honestas?	☐	☐
• Existe um espaço adequado para as entrevistas?	☐	☐
• Você já explicou que todos terão acesso aos resultados do estudo? Qualquer suspeita sobre o uso indevido ou a falta de transparência dos dados pode comprometer seriamente a confiança da equipe.	☐	☐
• Sua equipe acredita na sua disposição de enfrentar os problemas que o estudo vier a apontar?	☐	☐

Rastros no planeta

*Pegada de carbono – *total de emissões de gás carbônico produzido por uma pessoa ou empresa em um ano.*

Com a crescente ameaça das mudanças climáticas, cada vez mais os acionistas e investidores querem se certificar de que as empresas estão fazendo sua parte para conter o aquecimento global. A primeira medida é fazer um estudo para conhecer o total de emissões pelo qual a empresa é responsável – ou seja, qual a sua pegada de carbono*. Os dados do estudo podem ser usados para estabelecer metas de redução de emissões ou neutralizar a liberação de carbono*.

*Carbono neutro – *redução a zero do total de emissões de gás carbônico.*

Como calcular?

Existem controvérsias sobre a melhor maneira de medir a pegada de carbono de uma organização. O Greenhouse Gas Protocol fornece um padrão internacional que deve ser observado ao fazer os cálculos, mas cabe a cada empresa e seus auditores selecionar o sistema de aferição das emissões. No entanto, as diferenças entre os métodos de cálculo podem gerar discrepância de resultados.

Outra dificuldade está em garantir que as emissões sejam contabilizadas uma só vez. Quem calcula a pegada de um fabricante de automóveis precisa decidir quem é responsável pelos gases poluentes liberados pelos veículos: a montadora, o consumidor ou a empresa que cuida da eliminação de resíduos. Na Europa, a lei atribui aos fabricantes a responsabilidade pelos detritos gerados na produção, mas alguns questionam se isso inclui as emissões. Por enquanto, não existem respostas simples para essas perguntas: o cálculo das pegadas de carbono não é ciência exata e será aperfeiçoado com a prática.

A vez dos produtos

É cada vez mais comum aplicar o conceito de pegada de carbono a produtos individuais, já que incluir essa informação (quantidade de emissões de dióxido de carbono associadas à produção e transporte daquele item) no rótulo é um modo claro de demonstrar compromisso com o meio ambiente. A canadense Carbon Counted e a inglesa Carbon Trust são pioneiras nesse tipo de rotulagem, e hoje a legislação europeia exige a presença dessa informação para a comercialização de alguns produtos.

O Wal-Mart, gigante norte-americano do setor varejista, fez uma parceria com o Carbon Disclosure Project para calcular a pegada de sete grupos de produtos – cerveja, DVDs, creme dental, sabão, leite, aspiradores de pó e refrigerantes. Mais do que classificar os diversos itens, o objetivo é achar formas de reduzir o impacto ambiental.

Outra prática é a análise do ciclo de vida (ACV). A pegada de carbono calcula as emissões até o ponto de venda, enquanto a ACV considera as quantidades produzidas na extração de matérias-primas, transporte, embalagem e descarte.

PARA PENSAR... E O CONSUMIDOR?

A maior parte da pegada de carbono de um produto surge durante sua utilização, mas os produtores e os locais de venda têm possibilidades reais de influenciar o comportamento do consumidor e assim contribuir para a redução do impacto ambiental. Um dos caminhos é estimular os compradores a mudar a maneira de utilização dos produtos. No caso de um fabricante de sabão para roupas, por exemplo, basta incentivar os consumidores a reduzir a temperatura da água usada na lavagem para diminuir de forma eficaz a pegada de carbono do produto.

Redução do uso de energia

Reduzir a quantidade de energia utilizada é essencial para a estratégia verde de qualquer empresa. Basta fazer um passeio noturno e observar os prédios comerciais iluminados para perceber que as organizações têm condições de diminuir o consumo energético. Além de conter o impacto sobre o meio ambiente, a medida também favorece as contas da empresa.

DICA

GASTOS NOTURNOS
Tente calcular o quanto sua empresa consome de energia mesmo quando não há atividade nas instalações.

Economia nos escritórios

Você pode começar a economizar energia na empresa antes mesmo do início do estudo de impacto ambiental. Dê uma volta pelas instalações à procura de lugares de possível desperdício e busque possibilidades de mudança de equipamentos ou de adoção de práticas para estimular a economia. Repita essas "inspeções" regularmente, para acompanhar o progresso e detectar novas alternativas. Lembre-se de que pequenas ações podem levar a grandes resultados. A redução da conta de luz pode decorrer de iniciativas simples, como um ajuste menor do termostato do ar-condicionado no verão.

✓ PREPARE-SE EM SUAS INSTALAÇÕES, A ENERGIA É USADA DE FORMA CONSCIENTE?

	SIM	NÃO
• Os computadores, telefones, copiadoras e fax são modelos que gastam pouca energia?	☐	☐
• Os equipamentos têm sistemas de economia de energia?	☐	☐
• Todos os colaboradores sabem da importância de apagar as luzes e desligar os equipamentos no final do expediente?	☐	☐
• As lâmpadas são econômicas?	☐	☐
• O isolamento térmico do local é adequado?	☐	☐
• As centrais de energia são modernas e eficientes?	☐	☐
• O ar-condicionado fica ligado durante a noite?	☐	☐
• A iluminação externa é ligada enquanto ainda há luz natural?	☐	☐

A vez das máquinas

Atualmente, estima-se que o setor de tecnologia da informação seja responsável por 2% das emissões mundiais de gás carbônico – por isso, sua avaliação do uso de energia deve começar com os sistemas de computador. Uma boa medida é detectar quais os pontos de maior consumo energético. Se você está pensando em instalar um sistema novo, informe-se sobre as novidades tecnológicas e investigue as escolhas feitas pelas organizações que estão trabalhando para melhorar sua eficiência energética.

DICA

MÉTODOS MOTIVACIONAIS

Use incentivos e premiações para estimular a economia de energia. Além de contribuir para o moral da equipe, a medida ajuda a obter resultados mais rapidamente.

Compra de energia verde

Você já pensou em recorrer a um fornecedor de energia verde? Este é o nome dado a uma fonte de energia renovável gerada por recursos como o sol, o vento, o biogás ou a biomassa. Hoje existem empresas que fornecem energia extraída de fontes renováveis e outras que utilizam métodos tradicionais, como usinas movidas a carvão, que assumem o compromisso de investir na construção de novas fontes renováveis. Boa parte das grandes fornecedoras de energia oferece algum tipo de "tarifa verde" a um custo superior ao da tarifa normal. A energia fornecida não vem diretamente de fontes renováveis, mas a empresa faz a compensação com energias com baixo impacto ambiental. Antes de decidir, avalie e cheque se a alternativa é realmente verde.

Dentro das fábricas

RESPONSABILIDADE DE CADA UM
Quem cuida das contas de energia em sua empresa? Ao passar a tarefa de reduzir o consumo de energia a alguém que atua na própria fábrica, pode ser mais fácil convencer as pessoas sobre a necessidade do uso consciente de recursos.

Cerca de 20% dos gases causadores do efeito estufa são produzidos pelo consumo de energia industrial. Entre as maiores fontes de emissão de gás carbônico destacam-se as indústrias químicas, de cimento e as refinarias de petróleo. Nesses casos, a economia de energia decorrente da redução do uso, da substituição ou inovação é essencial para reduzir esta significativa pegada de carbono. Na Europa, diversos setores são obrigados a participar do Greenhouse Gas Emissions Trading Scheme, que estabelece limites para as emissões de carbono. Nos Estados Unidos, surgem organizações para a troca voluntária de créditos de carbono, como a Chicago Climate Exchange, uma espécie de "bolsa do clima".

Muitas vezes, grandes indústrias precisam recorrer a ajuda especializada para reduzir o uso de energia. Alguns governos fornecem consultoria para as empresas que querem fazer um estudo minucioso e encontrar caminhos para reduzir o gasto energético (em alguns casos, esses órgãos podem conceder financiamento para as mudanças que irão resultar num consumo mais baixo). Empresas particulares também oferecem esse tipo de consultoria.

PARA PENSAR... HORA DAS COMPRAS

O consumo de energia em lojas e shopping centers é mais alto do que em escritórios ou fábricas. Segundo estudo de 2007, o gasto médio anual nesses locais é de 460 quilowatts-hora (kWh) por metro quadrado, mais do que em fábricas (292 kWh) e em escritórios (252 kWh). Para combater o uso excessivo, são necessárias medidas especiais. Uma grande rede de supermercados calcula que a maior parte da energia gasta em suas lojas destina-se à refrigeração e procura alternativas. Estabelecimentos que funcionam o tempo todo estão mais sujeitos ao desperdício, e por isso algumas empresas varejistas preferem adotar horários fixos de atendimento e fechar as portas durante períodos determinados.

Como economizar energia

O que você pode mudar para reduzir a energia gasta na sua empresa?

- **Cuidados essenciais** Seus equipamentos recebem a manutenção adequada para funcionar com eficiência? A correção de falhas no sistema de refrigeração pode resultar na economia de energia. A limpeza dos filtros também contribui para a boa operação do maquinário.

- **Substituição** Existem modelos mais recentes e capazes de funcionar com mais eficiência? A economia não compensa o investimento?

- **Uso racional** As máquinas são usadas em processos nos quais a operação manual seria mais eficiente e econômica?

- **Conservação de calor** O calor gerado pelo maquinário não pode ser aproveitado para outro fim, como o aquecimento de água?

- **Operações desnecessárias** Os aparelhos continuam ligados mesmo fora de uso?

- **Nível de temperatura** O ajuste dos aparelhos permite economia de energia?

- **Sistemas de medição** Os sistemas de controle de energia são eficientes? Medidores modernos podem oferecer informações úteis sobre o uso da energia e modos de poupar.

- **Caldeira nova** O sistema central pode ser substituído por outro de consumo mais baixo?

Desligar

Desperdício mínimo

O processo de redução dos resíduos produzidos diariamente por sua empresa é essencial. Todos os administradores sabem que quantidades altas de detritos impactam os custos de produção. Por isso, procurar formas para reduzir o lixo é mais uma questão de bom-senso do que uma escolha.

O que vai para o lixo?

*Responsabilidade do produtor
– quem produz é responsável pelo descarte final de seus produtos.

Em geral, os resíduos constituem um custo esquecido: o gasto com materiais excessivos ou descarte por causa de problemas no desenvolvimento ou fabricação de um item é incorporado ao preço. Adote uma abordagem rigorosa: inclua os resíduos como um fator de custo e desde o início do projeto procure reduzir as quantidades de descarte. Essa preocupação não deve se limitar ao consumidor ou ao ponto de venda: de acordo com a tendência de responsabilidade do produtor*, cada vez mais as empresas devem pensar no destino final dos produtos e em como eles são eliminados.

Para reduzir o lixo, siga três regras: reduzir, reutilizar e reciclar. Antes de descartar qualquer coisa, pense: este objeto era mesmo necessário? Pode ser reutilizado? Caso negativo, qual a melhor forma de reciclá-lo?

ESTUDO DE CASO

McDonald's na Suécia

Na década de 1990, o diretor-geral do McDonald's na Suécia começou a pensar no impacto ambiental provocado pela empresa. Ele decidiu reavaliar radicalmente o modo de operação da organização e, após análise detalhada, implantou uma estratégia de mudanças. A primeira alteração envolveu o fornecimento de carne, leite e legumes, que passaram a ser orgânicos. A empresa também reduziu as distâncias da distribuição, introduziu embalagens recicláveis e instalou sistemas de energia renovável na sede e em várias lojas. A mais drástica de todas as medidas, porém, foi uma triagem de resíduos acompanhada de uma campanha de reciclagem, que resultou na redução de 97% de todo o lixo produzido. Hoje, uma loja sueca envia em média um saco de resíduos por mês para os aterros.

Onde reduzir?

Diminuir o desperdício começa com a redução, o que significa deixar de usar algo ou usar menos. É mais fácil do que parece, mas a ideia precisa ser considerada desde o início do processo e estar presente em todas as etapas.

Na construção, por exemplo, muitas vezes pode-se reduzir custos se os pontos de geração de resíduos forem identificados logo no começo, a tempo ainda de encontrar soluções. Entre as possibilidades está a criação de projetos mais simples, reaproveitando recursos sempre que possível, por exemplo, em vez de empregar materiais diferentes em cada parte do edifício. Com essa preocupação, uma saída é fazer um projeto que utilize os recursos disponíveis, como os estoques de madeira ou pedra existentes. A prática de compras de uma empresa também pode envolver desperdícios, já que estimativas imprecisas levam à compra de materiais desnecessários, que terão de ser descartados. Pense também nas embalagens dos seus produtos: é possível reduzir esse item?

DICA

CUSTOS TOTAIS

Calcule o custo real dos resíduos: inclua o gasto com remoção, o custo original dos materiais e o valor gasto com a mão de obra necessária para se livrar dele.

Reduzir

Dois exemplos de redução de resíduos e corte de custos:
- Uma empresa produtora de detergentes começou a vender seus produtos com uma fórmula mais concentrada e em embalagens menores. Conseguiu diminuir o total de resíduos e economizar no combustível usado no transporte.
- Uma refinadora de minério de magnesita descobriu que havia desperdício de matéria-prima na fase de filtragem. Uma troca nos componentes do filtro evitou as perdas e reduziu a demanda de recursos.

🔍 PARA PENSAR...
MENOS LIXO

Cada vez mais, empresas anunciam metas para zerar seus resíduos. Observando os três princípios básicos de redução, reutilização e reciclagem, querem acabar com os detritos enviados hoje aos aterros. Organizações de destaque, como Wal-Mart, General Motors e Toyota, incluíram metas de resíduo zero para o futuro, em todas as operações ou em parte delas. Tais processos exigem a reavaliação total da atuação e, em alguns casos, uma inovação drástica. Mas, se as medidas forem bem-sucedidas, elas conseguirão reduzir o impacto ambiental.

Novas utilidades

É surpreendente como muitas vezes um objeto ainda útil é descartado sem que ninguém pense se existe outra finalidade para ele. Um exemplo clássico ocorre no setor da construção: as empresas tradicionalmente derrubam as casas, descartam os materiais e compram novos lotes de tijolos, telhas e outros itens que serão usados nas novas edificações.

Observe com atenção o que vai para as latas de lixo da sua empresa: quem encontra formas criativas de reutilizar o que seria descartado economiza na compra de novos materiais e também deixa de gastar com a remoção dos resíduos e o envio para aterros.

Reutilizar

Dois exemplos de reutilização de resíduos e corte de gastos:
- Um fabricante de gabinetes para cozinhas gerava grande quantidade de sobras de madeira sem condições de reaproveitamento. Instalou uma caldeira movida a lenha e usou as aparas, cortando a despesa com aquecimento.
- Uma rede de fast-food decidiu aproveitar o óleo usado nas frituras para a obtenção de biodiesel, destinado a mover sua frota. Economizou na compra de combustível e nos gastos com descarte de óleo.

Estímulo à reciclagem

Você já ouviu alguém afirmar que reciclar um produto pode custar mais do que o descarte? Ou perguntar qual a energia gasta na coleta dos materiais? Diversos estudos científicos, porém, comprovaram que a reciclagem resulta em uma economia considerável de recursos: a energia poupada na reciclagem de uma garrafa de vidro, por exemplo, poderia manter um computador ligado por cerca de 20 minutos.

Escritórios constituem uma fonte significativa de desperdício: milhões de toneladas de papel que poderia ser reciclado são enviadas para os aterros todos os anos. As empresas que orientam seus clientes a reciclar seus produtos e também reciclam o que for possível contribuem para uma redução significativa na produção de resíduos.

A boa notícia é que o mercado de reciclados está crescendo rapidamente. O uso de materiais reciclados como agregados na indústria da construção, por exemplo, também aumenta.

Ao mesmo tempo, surgem mais regulamentações e leis criadas para atribuir aos fabricantes a responsabilidade pelo descarte dos produtos. No setor de eletrônicos, a Xerox tem liderado o caminho para encontrar soluções criativas de reciclagem. A empresa incentiva os clientes a devolverem itens antigos e se compromete a reutilizar os componentes das máquinas em novos produtos – um processo conhecido como "remanufatura".

Reciclar

Dois exemplos criativos de reciclagem de resíduos:
- Um grande projeto para a construção de duas pistas em um aeroporto utilizou vidro moído produzido e reciclado na região, cortando os custos com o transporte de materiais.
- Uma rede de lojas de artigos elétricos fez uma campanha para estimular os clientes a devolverem as lâmpadas usadas. A iniciativa levou os compradores a voltarem ao local, ampliando as possibilidades de compra de novos itens em uma das lojas da rede.

Transporte racional

A etapa do transporte é responsável por boa parte das emissões de carbono e por isso precisa ser observada com atenção na hora de definir uma estratégia verde. Pense em maneiras de diminuir a quantidade de viagens de negócios e procure alternativas capazes de reduzir sua pegada de carbono.

Origem do problema

Em empresas cada vez mais globalizadas, o deslocamento tornou-se bem mais comum – desde o trajeto percorrido pelas matérias-primas e produtos finais até as viagens de negócios. Nos países desenvolvidos, o transporte rodoviário responde por 10% das emissões de carbono. As pessoas se deslocam mais e é muito comum que, na mesma organização, vários profissionais trabalhem de carro, usando cada um o seu veículo. Nos países onde o uso do automóvel ainda é menor, a tendência cresce. As viagens aéreas constituem uma questão à parte. Com a queda do preço das passagens e a redução do tempo de voo, o número de passageiros aumenta – entretanto, as aeronaves emitem mais carbono por passageiro do que os demais meios de transporte, além de outros gases igualmente poluentes.

trem*
116kg

carro compacto*
124kg

ônibus*
172kg

Soluções possíveis

As empresas começam a chegar a soluções inovadoras para reduzir o impacto do deslocamento. Alguns exemplos são:

- **Uso de trem** Apesar de ter rotas menos flexíveis do que a malha rodoviária, o transporte ferroviário consome menos energia. Algumas vezes, pode ser mais rápido e permitir uma carga maior.
- **Transporte por navios** Em países que contam com sistemas de canais e rios, esta modalidade pode reduzir os custos de energia e aliviar as estradas. Mas é menos flexível e em geral mais lento do que o transporte rodoviário.
- **Planejamento** Com a ajuda de programas avançados de logística e do controle de combustível, é possível criar sistemas de rotas para aumentar a eficiência. A medida envolve algum custo inicial, mas pode gerar boa economia de combustível.
- **Carona** Poucas empresas estimulam os funcionários a se deslocarem em grupo. Uma forma de fazer isso é subsidiar o transporte de trem, ônibus ou bicicleta, neste caso instalando bicicletários e chuveiros.
- **Menos avião** Profissionais que viajam com frequência podem planejar suas rotas combinando compromissos de forma a reduzir o número de voos. Algumas empresas diminuem ou até mesmo eliminam a necessidade de viagens aéreas recorrendo a videoconferências, que permitem a comunicação por meio da internet.
- **Parcerias** Algumas organizações oferecem a possibilidade de uso de seu logo verde para as empresas que se comprometem a tomar medidas para reduzir suas emissões e a apresentar relatórios sobre os resultados.

carro grande*
248kg

avião*
306kg

*Quantidade de CO_2 emitida com o deslocamento de duas pessoas por 960 km

O papel dos fornecedores

Um estudo de impacto irá avaliar a sua empresa e apontar caminhos para economizar ou reduzir desperdício de energia, mas dificilmente poderá checar as práticas dos fornecedores. Analise sua cadeia de abastecimento – às vezes, a economia pode ser feita nos processos mais inesperados.

Em busca de informação

A sustentabilidade deve permear todos os aspectos do seu negócio, começando com os produtos e serviços escolhidos. Converse com seus fornecedores sobre as práticas de cada empresa: quem tem uma estratégia verde? Existem esforços para reduzir as emissões de carbono e a quantidade de lixo? Descubra se eles extraem suas matérias-primas de fontes renováveis e se estão preocupados em conhecer as práticas ambientais de seus próprios fornecedores. Se não ficar plenamente satisfeito com as respostas, discuta meios para aperfeiçoar a forma de atuação ou procure alternativas.

✓ PREPARE-SE ESCOLHA DE MATERIAL

	SIM	NÃO
• Sua empresa realmente precisa desses recursos?	☐	☐
• É preciso comprar? O empréstimo ou locação não são viáveis?	☐	☐
• A quantidade de embalagem é adequada ou há exagero?	☐	☐
• As emissões de dióxido de carbono e os resíduos produzidos durante a fabricação do produto são os menores possíveis?	☐	☐
• A alternativa é a mais eficiente do ponto de vista da energia?	☐	☐
• Os artigos são produzidos na região? (A necessidade de transporte por longas distâncias significa maior emissão de CO_2.)	☐	☐
• É possível reciclar os produtos? Como é feito o descarte?	☐	☐
• Os itens aproveitam o máximo de elementos passíveis de reciclagem?	☐	☐
• Trata-se de um recurso extraído da natureza, renovável e sustentável?	☐	☐

Rótulos e selos ecológicos

Se você está procurando um fornecedor ou instalações novas, verifique em primeiro lugar as credenciais verdes. Há um grande número de selos e rótulos utilizados pelas empresas para demonstrar sua atuação ambiental. Algumas vezes, porém, a informação parte do fabricante, como o aviso "produzido com materiais orgânicos" na embalagem, sem que nenhuma associação certificadora avalize o dado (é a chamada autodeclaração). Uma condição diferente é quando uma organização certifica a origem e o sistema de produção do item, como ocorre no caso do selo verde, utilizado pelo setor de extração e beneficiamento de madeira e de fabricação de móveis. É muito importante que essa avaliação leve em conta todo o ciclo de vida do produto exposto na prateleira. Vale lembrar que rótulos criados voluntariamente por grupos de empresas sem contar com auditoria independente podem não passar de mais um exemplo de *greenwash**.

*****Greenwash** – ou "lavagem verde" é a falsa divulgação de uma imagem de sustentabilidade.

ESTUDO DE CASO

Benefício em cadeia
Quando a fabricante inglesa de batatas fritas Walkers Crisps fez parceria com a Carbon Trust para achar meios de reduzir as emissões de carbono, a agência de sustentabilidade viu uma oportunidade de fazer o que chamou de "correção no mercado". A Walkers compra imensas quantidades de batata, pagas aos produtores por peso. Os agricultores as armazenam em galpões umedecidos artificialmente, o que aumenta o teor de água e as torna mais pesadas – mas a maior quantidade de água exige um tempo maior de fritura. A Carbon Trust sugeriu que a Walker alterasse a remuneração dos agricultores, pagando mais por batatas com menos água e não por peso. Essa mudança simples levou à redução das emissões tanto das fazendas como da Walkers.

Modelo financeiro sustentável

O aspecto financeiro é fundamental em qualquer negócio e também deve ser uma parte importante de sua estratégia verde. Pesquise as credenciais das instituições com as quais sua empresa trabalha. Você já pensou em transferir os investimentos para quem adota uma postura mais sustentável?

Existem alternativas éticas?

DICA

BENEFÍCIOS A LONGO PRAZO
Mudar para uma instituição com atuação sustentável pode beneficiar a imagem da sua empresa, pois os colaboradores e as ONGs gostam de saber qual o destino do dinheiro.

A crescente procura por opções de investimento que, além dos resultados financeiros, apresentassem também responsabilidade social e ambiental levou ao surgimento de um "mercado financeiro ético". Hoje é grande a oferta de produtos que direcionam o investimento a organizações que atendem a um conjunto definido de critérios éticos e ambientais. Algumas exigências são ambientais, como a existência de metas de redução de energia; de governança, como a adoção de uma política social; ou relacionadas à atuação da organização.

COMO AVALIAR OS INVESTIMENTOS ÉTICOS

ESTRATÉGIA	COMO FUNCIONA	VANTAGENS	DESVANTAGENS
Triagem positiva	A escolha das empresas ocorre a partir da premissa de que seus produtos e serviços são eticamente corretos – utilizam energia renovável, por exemplo.	Apenas as empresas que atendem a esses critérios definidos são selecionadas.	Pouca opção de investimento.
Preferência	Elabora-se uma lista de diretrizes que envole práticas relativas a impacto ambiental, por exemplo. As empresas escolhidas devem se aproximar desses critérios.	Oferece um espectro maior de empresas, mas é menos inclusivo do que a seleção pelo envolvimento.	Empresas que não atendem totalmente a um critério podem ser incluídas.
Envolvimento	Em vez de excluir uma empresa em razão de suas atividades, os gestores de fundos tentam negociar, a fim de extrair promessas de melhoria na atuação.	Estimula as empresas a melhorar suas práticas ambientais.	Os fundos podem incluir empresas que não atendem aos critérios do investidor.
Triagem negativa	Empresas que atuam em setores "banidos", como o jogo ou a indústria tabagista, são excluídas.	Setores tidos como "indesejáveis" não participam.	Pode excluir alguns setores rentáveis; não estimula o esforço para melhorar.

O que os bancos oferecem

Alguns bancos se preocupam mais com as questões sociais e ambientais do que outros. Por isso, vale a pena dedicar tempo para investigar as credenciais verdes de uma instituição financeira antes de tomar uma decisão. O HSBC, por exemplo, se declara empenhado em reduzir seu impacto sobre o ambiente, e em 2005 neutralizou suas emissões de dióxido de carbono. O banco europeu Triodos provavelmente é o mais ecologicamente correto: só faz empréstimos para pessoas ou organizações que beneficiam o meio ambiente.

Capítulo 3
Como divulgar a estratégia

O que fazer para comunicar a adoção de uma postura verde? Algumas empresas preferem não divulgar isso, mas outras proclamam suas iniciativas para o mundo. Use a imaginação e a sensibilidade e escolha o melhor caminho para sua organização.

Mercado consciente

A demanda dos consumidores é um fator crucial para convencer as empresas a se tornarem ecologicamente corretas. Cada vez mais as pessoas procuram fabricantes atentos ao impacto ambiental e a produtos manufaturados de maneira ética. Quem satisfizer esse tipo de cliente terá um mercado amplo.

Demanda real

Algumas empresas não se convenceram da necessidade de adotar uma postura verde. Um dos argumentos são as pesquisas que mostram que, embora os clientes declarem o desejo por produtos mais ecológicos, as decisões de compra não confirmam essa expectativa.

Mas ninguém duvida que a preocupação dos consumidores com o impacto ambiental dos produtos e serviços é crescente. Estudos mostram um aumento rápido da consciência no consumo de produtos ecológicos, com uma demanda em alta. As empresas que não demonstrarem atenção ao tema poderão perder espaço.

De olho no mundo

Mais e mais empresas estão fazendo a transição para uma postura mais ecológica. Mas como informar essa mudança aos clientes? Por muito tempo, algumas das organizações mais ecologicamente corretas do planeta optaram por não anunciar suas credenciais verdes, temendo receber críticas ou ver sua atuação no mercado colocada em desvantagem.

A IKEA, por exemplo, dedicou 12 anos à execução de uma estratégia de negócio atenta ao impacto ambiental, mas decidiu não usar o fato para fins publicitários. No entanto, colocou todos os seus registros à disposição de quem quisesse consultá-los – de ONGs a cidadãos comuns. Em 2007, a IKEA ficou na sétima posição em um importante ranking norte-americano de empresas verdes, superando organizações que haviam feito grande alarde sobre as políticas adotadas.

No entanto, a situação está mudando. Conforme a consciência ecológica se disseminar, cada vez será mais importante que as empresas consigam demonstrar que têm as credenciais adequadas. Anunciar metas de redução de resíduos ou de emissões de carbono pode não resultar no aumento direto das vendas de seus produtos ou serviços, mas certamente vai melhorar a reputação da sua empresa – no ambiente atual, isso pode trazer grande vantagem sobre a concorrência.

> **DICA**
>
> **OUÇA SUA EQUIPE**
>
> Peça a opinião dos colaboradores que têm mais contato com seus clientes na hora de decidir como divulgar sua estratégia.

ESTUDO DE CASO

Bons motivos

No início da década de 2000, a marca de calçados Timberland tomou uma decisão radical para medir os seus impactos ambientais e éticos e apresentar os resultados ao público com o "índice verde" – a classificação dos produtos de acordo com as pegadas de carbono. A medida não partiu de demandas do mercado nem do desejo de vender mais pares de tênis. Segundo a diretora europeia Anabel Drese, a empresa agiu assim porque "esta é a forma correta".

Uma política consistente

O consumidor atual está mais atento às técnicas de marketing e venda e pode agir com desconfiança em relação às credenciais verdes apresentadas por uma empresa. Por isso, é melhor tomar cuidado: até a campanha mais honesta pode ser encarada como mais um recurso para seduzir o comprador, sem corresponder ao que de fato é feito pelo ambiente.

Como falar com as pessoas

Se você decidir anunciar suas políticas ecológicas, como minimizar o risco de que sua mensagem passe por uma "medida de fachada"? Em primeiro lugar, é essencial divulgar apenas o que sua empresa realmente faz. Antes de planejar uma campanha, verifique se você está familiarizado com todos os aspectos do produto ou serviço e conhece os argumentos ambientais ou controvérsias que possam ser apresentados. Pergunte-se se é um produto ou serviço que realmente merece ser tratado como verde: ele representa uma melhoria ambiental em curso na sua organização ou o consumidor pode percebê-lo apenas como um gesto simbólico? Pense em fazer parceria com uma ONG ou uma entidade de atuação social, um caminho simples para associar seu nome a instituições independentes.

> **MENTIRA**
> Quando uma empresa declara algo que não ocorre na realidade – como se dizer "orgânica" sem contar com nenhuma certificação.

ESTUDO DE CASO

Responsabilidade compartilhada

Desde 2001, a iniciativa Estações de Reciclagem Pão de Açúcar/Unilever criou pontos de entrega voluntária de embalagens recicláveis nas áreas externas das lojas da rede varejista Pão de Açúcar. O projeto contabiliza 110 estações em 31 municípios brasileiros, as quais já recolheram um total de 32 mil toneladas de material. A ação beneficia 33 cooperativas de coleta e reciclagem, gerando assim renda para cerca de 550 trabalhadores.

Os seis pecados capitais

A empresa de marketing ambiental TerraChoice identificou alguns erros cometidos pelas organizações que se dizem ecologicamente corretas:

INFORMAÇÃO MASCARADA
Quando um atributo ecológico que pode ser verdadeiro oculta outros aspectos menos corretos, como ressaltar que um carro de alto consumo de combustível tem um sistema de ar-condicionado capaz de economizar energia.

IRRELEVÂNCIA
Quando se anuncia uma medida que não tem mais importância ou tornou-se uma exigência. Os clorofluorcarbonos (CFCs), por exemplo, foram proibidos no final da década de 1980, mas alguns produtos, como determinadas espumas de barbear, ainda se declaram "sem CFC".

LEVIANDADE
É o que acontece quando uma organização apresenta uma característica verde sem comprovação independente. Por exemplo, informar que um xampu foi produzido sem testes em animais mas não permitir a checagem da informação.

FALTA DE PRECISÃO
Ocorre quando a informação de caráter ambiental não tem significado específico, como a divulgação de um alimento como "natural" ou "integral".

GENERALIZAÇÃO
Afirmar que um produto é ambientalmente correto a partir de um atributo único. Um exemplo é a impressora de baixo consumo de energia mas que não tem compatibilidade com cartuchos reciclados.

Divulgação e marketing

Cada vez mais os consumidores exigem posturas transparentes das empresas. A sensação crescente é a de que, como contribuem para o lucro de uma organização ao adquirir um produto ou serviço dela e não de um concorrente, as pessoas também têm o direito de saber como esse ganho ocorre.

Empresas transparentes

O primeiro passo para uma relação transparente é analisar a forma como sua empresa comunica seus objetivos e informa os progressos alcançados. Nos últimos 15 anos, um aspecto que ganhou imensa visibilidade são as políticas de responsabilidade social e empresarial. As organizações declaram publicamente quais são seus compromissos éticos e de responsabilidade social, em geral com destaque no site da empresa ou em documentos. Os progressos na busca desses objetivos são publicados nos relatórios sociais, disponíveis ao público geral. Trata-se de uma maneira eficaz de permitir que clientes e investidores acompanhem os avanços no aspecto ambiental, mas deve refletir um desejo genuíno de sua organização em melhorar – ou você estará sujeito a críticas. A Shell costuma destacar a sua política de responsabilidade social e ambiental, mas algumas ONGs e muitos consumidores consideram a postura incompatível com a atuação da empresa na Nigéria, país em que a gigante do petróleo enfrenta acusações de desrespeito ao meio ambiente.

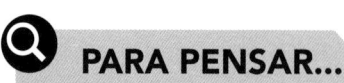

> **PARA PENSAR...**
> **COMO LIDAR COM REIVINDICAÇÕES**
>
> Até as empresas com sistemas de informação bastante claros às vezes podem virar alvo de uma "campanha verde". Se o caso for bem solucionado, porém, pode se transformar em uma experiência positiva e útil.
> Em vez de tentar ignorar as demandas, adote uma postura aberta e disponha-se a ouvir. Demonstre interesse em saber o que de fato pode ser melhorado. Você pode atender a algumas das reivindicações? Avalie se o impacto da propaganda negativa não será mais custoso do que concordar com algumas das mudanças pedidas.

Selo de qualidade

Empresas que submetem seu compromisso social e ambiental e seus progressos à auditoria de uma organização internacional em geral conquistam maior credibilidade. A "medalha de ouro" em certificação ambiental é o ISO14001, padrão regulamentado pela Organização Internacional para Normalização (ISO). Trata-se de um conjunto de sistemas de gestão ambiental a que uma empresa deve atender para obter uma certificação de reconhecimento mundial. Embora a adesão ao ISO14001 aumente em todo o planeta, a Ásia apresentou um crescimento maior, já que as empresas que produzem bens para os países ocidentais buscam a certificação para atender a critérios pré-estabelecidos dos mercados consumidores. A ISO também produz normas para outras áreas, como sustentabilidade, rotulagem ambiental e gestão de gases do efeito estufa.

DICA

PREPARE-SE PARA A CERTIFICAÇÃO

Antes de requerer a certificação ISO, confirme se você entendeu todas as exigências e conta com o apoio dos seus superiores. Se julgar necessário, procure um curso ou assessoria para ajudá-lo a se preparar.

COMO...
EVITAR PROBLEMAS EM APRESENTAÇÕES

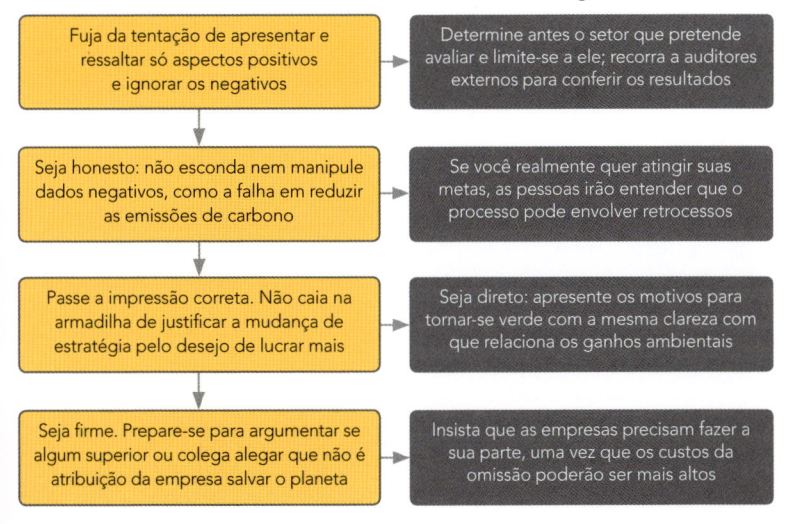

Fuja da tentação de apresentar e ressaltar só aspectos positivos e ignorar os negativos	Determine antes o setor que pretende avaliar e limite-se a ele; recorra a auditores externos para conferir os resultados
Seja honesto: não esconda nem manipule dados negativos, como a falha em reduzir as emissões de carbono	Se você realmente quer atingir suas metas, as pessoas irão entender que o processo pode envolver retrocessos
Passe a impressão correta. Não caia na armadilha de justificar a mudança de estratégia pelo desejo de lucrar mais	Seja direto: apresente os motivos para tornar-se verde com a mesma clareza com que relaciona os ganhos ambientais
Seja firme. Prepare-se para argumentar se algum superior ou colega alegar que não é atribuição da empresa salvar o planeta	Insista que as empresas precisam fazer a sua parte, uma vez que os custos da omissão poderão ser mais altos

DICA

METAS FIRMES
Lembre-se de que o seu objetivo principal é atuar para reduzir o impacto ambiental de sua empresa. Não deixe que o marketing prevaleça sobre a ação genuína.

Uma nova agenda

Os compromissos de responsabilidade e os relatórios social e ambiental chegarão aos clientes tão interessados em sua empresa a ponto de visitar seu site ou buscar informações, mas há muitas maneiras de informar o público sobre as mudanças. O guru do marketing verde John Grant dividiu em três categorias as várias medidas a serem tomadas para divulgar sua estratégia:

- **Definição de novos padrões** Criação de um parâmetro mais alto para sua atuação, como a promessa de que, no futuro, todas as matérias-primas usadas pela empresa virão de fornecedores sustentáveis.
- **Divisão da responsabilidade** Estímulo para que os consumidores façam a sua parte – por meio de programas de reciclagem das embalagens, por exemplo.
- **Apoio à inovação** Exploração e difusão de avanços tecnológicos capazes de reduzir o impacto de sua empresa no meio ambiente.

Dentro dessas categorias, as ações de marketing podem variar de anúncios solenes e eventos a campanhas e parcerias verdes. As abordagens adequadas para a sua empresa dependerão da mensagem que você pretende enviar. No entanto, seja qual for o formato escolhido para comunicar sua estratégia, tenha em mente que, se você se comprometer a adotar uma agenda mais progressista, estará atraindo a visibilidade do público. E será cobrado por isso.

PARA PENSAR... DETALHES CRUCIAIS

Uma empresa que se apresenta ao mercado como "amiga da natureza" se torna um refém em potencial: se houver um único detalhe de sua estratégia de marketing incoerente com a mensagem, você pode prejudicar todo o processo de mudança de postura e ainda ser chamado de hipócrita ou de burro. Quem organiza um evento verde precisa tomar cuidado com detalhes como o material das sacolas que forem distribuídas: elas não devem ser de plástico, por exemplo.

MARKETING VERDE

MEDIDAS	EXEMPLO	PRÓS E CONTRAS
Marketing associado a uma causa Patrocine um evento de impacto social ou destine a renda de um produto a uma instituição ou campanha.	Em 2006, a fabricante inglesa de cosméticos Lush lançou o creme Charity. Todo o lucro (menos os impostos) foi destinado a campanhas ambientais.	**Prós** O consumidor sente que está fazendo sua parte. **Contras** Se as vendas forem baixas (o que pode ocorrer), as doações serão pequenas e a iniciativa pode ser acusada de ser apenas uma jogada de marketing.
Parcerias Apoie uma ONG ou instituição de destaque, seja para um produto ou um projeto específico.	A fabricante de óleo da Malásia Sime Darby firmou parceria com o World Wildlife Fund e o Roundtable on Sustainable Palm Oil para aumentar a sustentabilidade de sua atuação.	**Prós** As pessoas conhecem as instituições e tendem a acreditar na seriedade da iniciativa. **Contras** A ONG ou instituição escolhida vai querer conhecer em detalhes a sua estratégia verde e avaliar se concorda com ela a ponto de associar seu nome ao de sua empresa.
Campanhas na mídia Use a mídia impressa, televisão, rádio ou a internet para divulgar sua nova postura.	A automobilística Honda usa a publicidade para disseminar sua imagem de pioneira do setor ecologicamente correto.	**Prós** A mensagem chega aos consumidores de maneira direta. **Contras** Se suas iniciativas não forem consistentes, a exposição aumentará o risco de acusações de más intenções.
Abordagem discreta Adote uma estratégia que se concentre em outros atributos de um produto ou serviço, como qualidade e durabilidade.	A empresa de roupas norte-americana Patagonia adota políticas ambientais rígidas, mas divulga seus produtos com ênfase na durabilidade.	**Prós** Comercializa os produtos em uma arena menos difícil e leva o aspecto ambiental de carona. **Contras** O produto precisa ter bom desempenho nos dois aspectos.
Inovação Desenvolva um produto ou serviço novo, a fim de se marcar como pioneiro na sua área.	A empresa de televisão a cabo inglesa Sky criou um sistema para entrar em stand-by de forma automática se o aparelho ficar ligado sem necessidade.	**Prós** Demonstra capacidade de inovar e seriedade com a preocupação ecológica. **Contras** Trata-se de uma alternativa cara e que pode dar errado se as inovações forem consideradas superficiais.

De olho no consumidor

Quem compra um produto também tem suas responsabilidades ambientais. Sua empresa precisa encontrar maneiras de envolver os consumidores para que eles façam a sua parte. Se você conseguir fazer isso, a estratégia de comunicação pode ser a mais eficiente de todas.

DICA

UM PASSO À FRENTE
Não tenha medo de uma decisão radical por causa dos consumidores. Se você estiver no caminho certo, os clientes virão até você.

O outro lado

Na maioria dos produtos – de carros e computadores a detergentes – o maior impacto ambiental ocorre durante o uso. Por isso, tão importante quanto tomar medidas para reduzir o impacto na produção é alertar o consumidor para o modo de utilização dos itens que ele está comprando. Porém, escolha com cuidado a forma adequada de falar, pois ninguém gosta de instruções que pareçam lições de moral.

O que diz seu rótulo?

O rótulo de um produto talvez seja o ponto de comunicação mais imediato entre uma empresa e os clientes, e pode ser um eficiente canal para mandar uma mensagem ecológica. Algumas empresas usam o espaço para informar sobre as credenciais de seus produtos – como a pegada de carbono, por exemplo –, permitindo que os consumidores façam comparações. No entanto, jamais declare algo que não for verdadeiro. Cada vez mais as pessoas têm informações e sabem onde tirar dúvidas no que se refere a questões ambientais e éticas.

Canal direto com os clientes

Quatro caminhos para informar aos consumidores medidas para reduzir o impacto de seus produtos e serviços no meio ambiente:

ORIENTAÇÕES DE USO
Inclua orientações de fácil implementação, como "recicle esta embalagem" ou "use os dois lados desta folha de papel".

ESTÍMULO PARA AGIR
Além de alertar para o uso adequado do produto, pense em uma campanha ou canal para facilitar a reciclagem. Empresas que recolhem os produtos ao final do ciclo de vida precisam deixar isso claro ao consumidor já na hora da compra.

SOLUÇÃO DE DÚVIDAS
Mostre-se aberto a solucionar dúvidas, respondendo a todas as indagações que chegarem até sua empresa pelo serviço de atendimento ao consumidor ou pelo site.

APOIO AO DEBATE
Os fóruns da internet em geral são um bom espaço para o contato entre as empresas e os consumidores, que podem conhecer melhor o que uma organização faz e explicitar o que esperam.

Capítulo 4

Rumo ao futuro

Nas próximas décadas, o ambiente das empresas irá mudar. A tecnologia continuará a se desenvolver com velocidade, a regulamentação e o controle irão se intensificar e não faltarão oportunidades para quem se adequar ao novo cenário.

Como se preparar

Se você não está considerando o impacto das mudanças ambientais na atuação da sua empresa, não está se preparando para o futuro de forma adequada. Com as mudanças climáticas, a adaptação ao novo cenário físico será um dos maiores desafios a serem enfrentados.

Sinais de alerta

Na última década, os estudos confirmaram que o aquecimento do clima poderá gerar uma série de ocorrências naturais impossíveis de serem previstas. E algumas dessas mudanças já começaram. Em 2003 a Europa enfrentou um calor acima do normal, que levou à morte de 30 mil pessoas. Dois anos depois, nos Estados Unidos, o furacão Katrina atingiu severamente a cidade de New Orleans, na Louisiana, e a Austrália foi vítima de uma seca intensa no verão de 2006. Os cientistas acreditam que esses fenômenos serão comuns em um cenário de mudanças climáticas.

O que fazer?

O setor de seguros foi um dos primeiros a atentar para o risco que as mudanças climáticas oferecem ao mundo dos negócios e há tempos cobra ações dos governos. As reivindicações agora contam com o apoio de grandes empresas, e alguns países criaram organismos para orientar sobre os modos de enfrentar as dificuldades trazidas pelas mudanças. Na Inglaterra, por exemplo, o Programa contra o Impacto Climático oferece consultoria para organizações que querem se preparar para os desafios decorrentes do novo cenário. Na China, o Ministério da Ciência e Tecnologia desenvolve pesquisas sobre os efeitos das alterações nas regiões rurais do país, a fim de definir um programa de adaptação.

MEDIDAS DE ADAPTAÇÃO

DESAFIO	O QUE AVALIAR	SOLUÇÕES POSSÍVEIS
Calor elevado	Sua empresa tem mecanismos para enfrentar uma onda de calor? Como as pessoas lidam com o problema? Qual o efeito na produção?	Instalação de sistemas naturais de ventilação ou de recursos arquitetônicos de resfriamento.
Estiagem	Sua atividade depende de água? É possível montar reservatórios para os períodos de seca?	Construção de reservatórios; redução da dependência da água como recurso.
Inundações e tempestades	Sua empresa é vulnerável a enchentes ou danos causados por tempestades? Você tem sistemas de drenagem ou alternativas de armazenagem? Em casos extremos, o sistema de esgotos de uma cidade entra em colapso – como isso afeta a sua organização?	Reforço das instalações contra o avanço da água; elevação dos locais de armazenamento; adoção de um sistema eficiente para armazenar dados eletrônicos.
Corte de energia	Desastres naturais podem causar interrupção do fornecimento de energia. Existe uma fonte alternativa? Quais os danos para a produção?	Criação de fontes alternativas; orientação da equipe sobre como agir em caso de corte de energia.
Escassez de combustível	Como o desabastecimento de combustível pode afetar sua empresa? Os funcionários terão como chegar? O que acontece com as redes de distribuição dos produtos?	Pesquisa de mecanismos para reduzir o consumo de combustível; formação de estoques para períodos de emergência.

Em dia com a tecnologia

Mantenha-se atento a ideias novas para economizar e gerar energia e reduzir as emissões dos gases nocivos. Os avanços tecnológicos oferecem oportunidades para que empresas em sintonia com as novidades consigam reduzir custos e ganhar sustentabilidade.

Flexibilidade para mudar

O sucesso da espécie humana a longo prazo deveu-se à capacidade de se adaptar a ambientes em constante transformação. Nos próximos 20 anos, com as mudanças climáticas e a redução da disponibilidade dos recursos naturais, essa capacidade de adaptação terá de ser novamente acionada. As empresas precisarão olhar para a frente e se preparar para o futuro. Quem tiver condições de investir em pesquisa e desenvolvimento e assim abrir caminhos na implantação de tecnologias verdes será considerado pioneiro. Mas as demais organizações, atentas às novidades e abertas para novas tecnologias, poderão aproveitar as novas ferramentas que surgirem. Quem não alterar o que for preciso, porém, pode não conseguir espaço para atuar.

🔍 PARA PENSAR... CAMINHOS VERDES

As empresas dispostas a melhorar sua atuação ambiental em geral contam com duas alternativas. Em primeiro lugar, podem reduzir o impacto das atividades que desenvolvem, como desligar os aparelhos que não estão em uso. Medidas como essa levam a um menor gasto de energia e à redução das despesas. Outra opção é mudar de tecnologia, adotando energia solar em vez da eletricidade, por exemplo. Essas abordagens não são excludentes, e, em geral, a partir de uma combinação de soluções, chega-se a um cenário de economia, melhor aproveitamento dos recursos e uso mais sustentável das instalações da empresa.

Soluções possíveis

Ficar em dia com os últimos avanços da tecnologia ecológica não é fácil, pois trata-se de uma área de rápido crescimento e quase todos os dias são divulgados dados importantes. Mantenha a mente aberta e pense de forma criativa – as oportunidades disponíveis para seu negócio podem não ser óbvias e simples. Um bom exemplo de pensamento inovador é o que acontece na Suécia. Em Estocolmo, um sistema em desenvolvimento irá aproveitar o calor do corpo produzido pelos passageiros de uma estação de trem para aquecer um escritório das proximidades, gerando uma economia estimada em 15%.

Olhar atento

Inovações como esta demandam um pensamento a longo prazo e uma abordagem cíclica, pois podem exigir um custo inicial bastante grande. O investimento para instalar painéis solares pode demorar anos para ser compensado. Por isso, grandes organizações têm mais facilidade na hora de decidir pelo investimento em novas tecnologias do que as empresas menores. Porém, na hora de avaliar qual a melhor opção para sua empresa, pense no que fazer para não ficar para trás.

COMO... MANTER-SE EM DIA COM AS NOVIDADES

Informe-se e receba material sobre o assunto. Algumas organizações enviam *newsletters* para quem se cadastra em seu site.

Fique atento aos eventos sobre sustentabilidade. Congressos, fóruns e debates são bons locais para se atualizar e trocar experiências.

Assine uma publicação científica ou específica sobre sustentabilidade ou economia verde.

Consulte sempre os sites das organizações ambientais ou de sustentabilidade que se destacam por fornecer informações consistentes.

Procure saber quais entidades oferecem apoio para empresas que querem se tornar verdes e consulte os programas.

Finalmente, fique atento: nunca se sabe de onde vem a inspiração. Algumas boas ideias surgem ao folhear uma simples revista ou no meio de um passeio pelas ruas.

Uso de energia

Embora a ideia de energias renováveis tenha persistido ao longo dos séculos, só agora as grandes empresas despertam para essa possibilidade e os investimentos começam a surgir. Com o avanço tecnológico, haverá mais opções para a utilização de energias alternativas. Quem pretende conduzir sua empresa a um caminho verde precisa saber das novidades.

Quais são as opções?

*Combustíveis fósseis – *recursos não renováveis, incluindo carvão, petróleo e gás, produzidos em milhões de anos a partir do acúmulo de restos orgânicos. Quando queimados, liberam energia.*

A geração de eletricidade a partir de combustíveis fósseis* é uma das maiores fontes de emissão de carbono. Também é insustentável: os combustíveis fósseis são finitos e, antes mesmo que esgotem, a extração tende a ficar cara demais. Por outro lado, as energias renováveis, como a derivada do calor do sol ou do calor existente abaixo da crosta terrestre, são ilimitadas, apesar da maior dificuldade de extração. Estudiosos acreditam que o futuro energético da humanidade provavelmente inclui uma mistura de fontes renováveis, mas ainda não é possível saber qual irá prevalecer.

MAREMOTRIZ (MARÉS)
Instalam-se turbinas em áreas com forte movimento de marés. Usando o mesmo princípio da capacidade hidrelétrica do rio, o fluxo e o refluxo das marés fazem girar as turbinas e geram energia.

HIDRELÉTRICA
A água de um rio é canalizada e passa por turbinas submersas, que acionam geradores elétricos. Para controlar o fluxo de água, muitas vezes é preciso construir uma represa.

FONTES DE ENERGIA RENOVÁVEL

SOLAR – FOTOVOLTAICA
A energia solar é convertida diretamente em energia elétrica quando atinge células especialmente projetadas para a conversão. O custo de produção das células fotovoltaicas é elevado, mas começa a cair.

SOLAR – TERMAL
A energia transportada pela luz do sol é capturada e usada para aquecer a água, podendo acionar o sistema de aquecimento central ou, se convertida em vapor, mover as turbinas que geram eletricidade convencional.

EÓLICA (VENTO)
A força dos ventos é aproveitada pelas turbinas eólicas, que captam a energia por meio da rotação das pás. Esta energia é utilizada para acionar os geradores elétricos.

GEOTÉRMICA
Explora o imenso reservatório de calor que existe embaixo da crosta terrestre, seja nos locais em que emerge naturalmente, como gêiseres e fontes termais, ou por bombeamento da água ou outro líquido subterrâneo, para aproveitamento do calor.

ONDAS
Dispositivos que se encontram na superfície do mar e se movem de acordo com as ondas geram a eletricidade, que é transmitida por cabos instalados no fundo do oceano.

Boas notícias

O mundo dos negócios começa a reconhecer as vantagens do uso de fontes de energia renováveis, e muitas empresas fizeram da adoção desse recurso uma prioridade na agenda. Em 2008, o milionário do ramo do petróleo T. Boone Pickens destinou altos investimentos para a criação de um parque eólico nos Estados Unidos e declarou-se animado por investir em um recurso que, ao contrário do poços de petróleo, nunca se esgotam. No Reino Unido, grandes empresas já aderiram à Ecotricity, companhia de energia que investe em fontes renováveis. Em 2006, a Bao Steel, maior siderúrgica da China, comprometeu-se a comprar o máximo de energia eólica possível.

ENERGIAS RENOVÁVEIS

TIPO/PAÍSES LÍDERES	VANTAGENS	DESVANTAGENS
Vento (eólica) Índia, EUA, Alemanha, China, Espanha	Um recurso abundante, em geral mais disponível no inverno, quando a energia é mais necessária. Utiliza tecnologias comprovadas.	Baixa possibilidade de previsão, o que leva à necessidade de armazenamento. Há quem considere as turbinas prejudiciais à fauna e à flora da região.
Marés (maremotriz) Inglaterra, Rússia, EUA, Canadá, Índia	Confiável e passível de previsões, já que as marés são conhecidas.	Tecnologia nova; acredita-se que esta forma de energia alternativa ameace os habitats dos estuários.
Ondas Portugal, Escócia, Inglaterra, EUA	Mais previsível do que a eólica, mas menos confiável do que as marés.	Tecnologia em desenvolvimento. As instalações precisam suportar tempestades intensas.
Hidrelétrica China, Canadá, EUA, Rússia, Brasil, Noruega	Extremamente confiável e baseada em tecnologias comprovadas.	A construção de novas represas hidrelétricas causa a destruição do habitat, o que resulta na reprovação dos ambientalistas.
Solar Alemanha, EUA, Espanha, Japão, Índia, Austrália	A quantidade de sol em uma região varia de acordo com a estação. Tecnologia bastante desenvolvida.	A energia da luz solar é difusa, o que exige grandes instalações. O sistema fotovoltaico (que gera a energia) ainda é caro.
Geotérmica Islândia, México, EUA, Filipinas, África	Confiável e menos sujeita às condições meteorológicas.	Emite pequenas quantidades de carbono, embora bem menores do que liberam os combustíveis fósseis.

PARA PENSAR... AJUDA PRECIOSA

Contar com a atuação eficiente da administração pública pode ser muito útil. O governo alemão, por exemplo, vem desempenhando um papel ativo na promoção da energia solar e eólica (as energias vindas de fontes não renováveis custam mais caro). Por isso, as empresas renováveis alemãs hoje são líderes mundiais. A Conergy, uma empresa de energias renováveis fundada em Hamburgo em 1998, vem crescendo bastante e hoje tem filiais nos Estados Unidos, Canadá, Extremo Oriente, Índia, Brasil, México, Austrália e Europa. A Conergy bateu diversos recordes: criação do maior parque de energia solar da Alemanha em 2001, do maior parque de energia solar do mundo em 2002 e do maior parque fotovoltaico na Ásia em 2006. Em 2007, o volume de negócios ultrapassou 1 bilhão de euros. Em todo o mundo, cerca de 2 mil pessoas trabalham para a Conergy.

Geração própria

Mais do que nunca as empresas investem na geração de energia própria, por meio da instalação de pequenas turbinas eólicas ou de painéis solares. Embora os custos iniciais possam ser elevados, existem benefícios a longo prazo: a microgeração ajuda a proteger a empresa da elevação dos custos da energia, propicia independência em relação à falta de fornecimento, reduz a pegada de carbono e deixa claro aos investidores que a organização está realmente comprometida com a sustentabilidade. A empresa de vendas pela internet eBay, por exemplo, instalou painéis solares que fornecerão cerca de 18% da energia necessária, gerando uma economia anual de US$100 mil. Antes de avaliar a possibilidade de microgeração, certifique-se de que suas instalações contam com isolamento térmico adequado e usam a energia atual de forma eficiente.

Combustíveis verdes

A queima de combustíveis fósseis para mover os veículos é uma das maiores fontes de emissão de carbono por iniciativa do homem – por isso, crescem os esforços para encontrar alternativas sustentáveis. Uma gama de combustíveis "limpos" encontra-se em desenvolvimento ou já em uso, e constitui uma forma eficaz de reduzir a pegada de carbono da empresa.

Existem alternativas?

A substituição dos combustíveis fósseis não será simples, mas a pesquisa e o desenvolvimento de veículos alternativos ganham ritmo. Já existem opções, porém muitas das novidades também têm problemas, e está claro que não existe solução rápida para o difícil desafio de manter os veículos em movimento e, ao mesmo tempo, reduzir as emissões de carbono.

Hidrogênio e ar comprimido

Há duas maneiras de produzir energia a partir do hidrogênio: a combustão, pela qual o gás é queimado da mesma forma que o combustível dos motores convencionais, e a conversão de células de combustível, na qual a transformação de hidrogênio e oxigênio em água produz a energia. Existem protótipos de carros movidos a hidrogênio ainda longe de serem acessíveis. O modo atual de transformação de hidrogênio em combustível consome muita energia e emite mais carbono do que a gasolina, por isso requer pesquisa antes de ser considerado uma alternativa viável. Veículos movidos a ar comprimido são candidatos improváveis a substituir os carros a combustíveis fósseis, sobretudo porque armazenar esta energia é menos eficiente do que carregar uma bateria equivalente.

Carros elétricos

Estes carros são movidos por um motor elétrico, que funciona com a energia armazenada em uma bateria recarregável – o veículo precisa estar literalmente "ligado" à corrente para se mover. Este tipo de carro inicialmente não foi levado a sério, mas isso mudou em 2006 quando a fabricante norte-americana Tesla Motors lançou o Roadster, um modelo elétrico de alto desempenho, e obteve sucesso. Os veículos elétricos também passaram a integrar as frotas de diversas empresas, incluindo uma grande rede de supermercados. No entanto, a menos que a eletricidade usada seja produzida a partir de fontes renováveis ou de energia nuclear, as emissões de carbono na atmosfera continuarão muito altas.

A Toyota e a Honda estão investindo no desenvolvimento de um carro híbrido, equipado com um motor a gasolina ou diesel e outro elétrico (acionado por um dispositivo recarregável). Não seria a solução definitiva, pois a gasolina e o diesel continuariam emitindo carbono.

O Wal-Mart abraçou a ideia da tecnologia híbrida e está desenvolvendo um modelo compacto que inclui um motor a diesel e outro elétrico. A novidade é que, ao frear, um mecanismo inverte o motor elétrico, transformando-o em um gerador de eletricidade.

PARA PENSAR... BIOCOMBUSTÍVEIS

Os combustíveis gerados a partir de matérias orgânicas, como trigo ou óleo de palmeira, já foram saudados como um substituto viável para os combustíveis fósseis, mas faltou avaliação dos efeitos colaterais. Em 2008, os países ricos despejaram dinheiro em biocombustíveis. Os agricultores mudaram seus cultivos e, como resultado, os preços dos alimentos dispararam, gerando uma crise alimentar mundial. Além disso, os biocombustíveis produzidos com culturas plantadas para este fim resultam nas mesmas emissões de carbono que os combustíveis fósseis, por causa das práticas agrícolas. Já os biocombustíveis produzidos a partir de resíduos constituem uma alternativa diferente e viável. A britânica Cadbury, por exemplo, já fez testes para transformar suas sobras de chocolate em biocombustível.

Mercado de carbono

À medida que mais e mais países e organizações se comprometem a cumprir as metas de redução de carbono, surgem sistemas que permitem o comércio de créditos, mais ou menos como um mercado de ações. Nas próximas décadas, com o fortalecimento dessa atividade, esta será mais uma pressão para que as empresas reduzam as emissões.

Metas de emissões

*Créditos de carbono – *quantidades unitárias de emissões de carbono que podem ser trocadas ou vendidas no mercado verde.*

De uma maneira bem simples, o comércio de carbono atribui "preço" ao CO_2. Se uma empresa faz parte de um mercado de emissões mas produz mais carbono do que o estabelecido, precisa pagar por isso.
O princípio básico da maioria dos mercados de carbono é o *cap and trade*. O sistema de regulação determina um limite – no caso, a quantidade de carbono que cada integrante pode emitir. Cada um faz esforços para reduzir suas emissões, mas pode trocar créditos para compensar se isso não acontecer. Aqueles que produzirem menos do que o definido contam com um excedente de créditos de carbono*, que podem ser vendidos para quem passou a meta.

🔍 PARA PENSAR... MECANISMO DE DESENVOLVIMENTO LIMPO (MDL)

De acordo com o Protocolo de Kyoto, é possível obter créditos adicionais financiando projetos de redução de emissões em outros países, como a construção de uma usina de energia solar na África. O Mecanismo de Desenvolvimento Limpo (em inglês, Clean Development Mechanism) permite aos países mais flexibilidade para cumprir as metas de Kyoto e contribui para levar dinheiro do mundo desenvolvido aos países em desenvolvimento. No entanto, o MDL exige a comprovação de que o projeto não ocorreria sem aquele investimento, o que na prática é bastante complicado. A corrupção também é um fator preocupante neste caso.

Mercados verdes

Atualmente, existem no mundo dois mercados de carbono principais e alguns menores:

- **Kyoto** O Protocolo de Kyoto exige que os países desenvolvidos signatários reduzam suas emissões de carbono até 2012. A meta pode ser obtida por meio de medidas para reduzir as emissões, da adesão ao Mecanismo de Desenvolvimento Limpo à compra de créditos de carbono (chamados de Assigned Amount Units) de países que já atingiram suas metas.

- **European Emission Trading Scheme** A maioria dos integrantes da União Europeia aderiu a esse instrumento, que determina metas a setores especialmente poluentes, como o de geração de energia. Os integrantes podem atingir seus objetivos por meio da redução das emissões e da compra de créditos de carbono (chamados de EU Allowances) de organizações com superavit de créditos.

- **Mercados menores** Existem vários mercados de carbono em estudo ou em atuação por todo o mundo. Nos Estados Unidos, por exemplo, as empresas podem se associar ao Chicago Climate Exchange, organização internacional de intercâmbio de emissões de gases do efeito estufa.

PARA PENSAR... OS CRÉDITOS DE CARBONO RESOLVEM O PROBLEMA?

Para alguns críticos, a negociação de carbono pode ser uma maneira errada de abordar o problema. Economistas alegam que os mecanismos incluem regulamentações confusas, que dificultam o acompanhamento. Já os ambientalistas defendem que esses sistemas apenas "mudam o problema de um lugar para outro", desviando o foco da necessidade urgente de reduzir as emissões. A primeira etapa do EU Emission Trading Scheme fracassou porque a União Europeia atribuiu créditos de carbono em excesso, mas também não faltaram críticas à maneira como os créditos foram atribuídos. São questões que precisam ser solucionadas. No entanto, a instituição deu sinais de que as metas serão intensificadas gradualmente, para que ocorra de fato uma lenta redução das emissões de carbono. Se isso realmente acontecer, as empresas serão obrigadas a fazer reduções, o custo do carbono irá aumentar e o mercado de compra e venda de créditos de carbono tenderá a funcionar melhor.

O que precisa ser aperfeiçoado?

A compensação voluntária de carbono é uma possibilidade do MDL que pareceu ser a grande esperança para as empresas que queriam se tornar verdes. A ideia de que uma organização pode compensar suas emissões pagando alguém para reduzir as próprias – plantando árvores, recolhendo o gás metano derivado dos dejetos dos animais ou adotando energias renováveis, por exemplo – é atraente. Mas algumas falhas na concepção ficaram claras, como os problemas na gestão e venda dos créditos. Algumas empresas ofereciam créditos futuros que não podiam ser garantidos ou superestimavam o saldo atual. A introdução de sistemas de certificação de créditos de carbono foi uma das maneiras de corrigir esta situação. Mais problemática, porém, é desconfiança em relação à ideia. Para alguns, não faz sentido permitir que as empresas "comprem" o direito de emitir carbono porque pagaram para quem emitiu menos ou reduziu suas emissões. Se você optar por usar a compensação de carbono como meio de reduzir sua pegada, lembre-se de que primeiro você deve fazer todos os esforços possíveis para baixar as próprias emissões, pois os créditos de carbono devem ser o último recurso.

Neutralização das emissões

A possibilidade de neutralizar (reduzir a zero) as emissões de uma empresa está na moda, mas poucas conseguem fazer isso na realidade. Em termos práticos, para atingir esse índice é preciso reduzir as próprias emissões de carbono ao máximo e depois compensar o restante. Hoje são vários os problemas quanto aos métodos e ao êxito da neutralidade de carbono. Em primeiro lugar, não se tem certeza quanto ao cálculo exato das pegadas de carbono, o que dificulta a definição de objetivos precisos. Além disso, se as empresas usam a compensação de carbono para atingir a neutralidade, é preciso contar com um método de aferição confiável para medir com precisão se as reduções propostas ocorrem de fato. Com essas ressalvas em mente, a neutralidade de carbono ganha um grau de ceticismo. No entanto, trata-se de uma medida válida, já que, ao estimular as empresas a reduzir suas emissões de carbono, traz consequências positivas para o meio ambiente.

DICA

OBJETIVOS REALISTAS

Algumas empresas falam sobre um "superavit" de carbono, talvez pensando na adoção de fontes renováveis que gerem mais energia do que a organização pode usar. Antes de divulgar uma meta ambiciosa como esta, tenha certeza de que ela está amparada na realidade, ou você pode ser acusado de inconsistência.

✓ PREPARE-SE ANTES DE COMPRAR CRÉDITOS DE CARBONO

	SIM	NÃO
• O sistema de compensação de carbono é compatível com a estratégia ambiental geral da sua empresa?	☐	☐
• Você sabe exatamente o que espera dessa iniciativa?	☐	☐
• Avaliou várias possibilidades de compra de créditos?	☐	☐
• Dedicou tempo a fim de se certificar de que as possíveis empresas atendem aos padrões legais e às suas expectativas?	☐	☐
• Confirmou se os potenciais créditos escolhidos estão sujeitos a alguma regulamentação específica?	☐	☐
• Tem certeza de que os créditos que escolheu são realmente confiáveis caso haja alguma alteração no mercado?	☐	☐

Informe das emissões

Como os governos tendem a atribuir cada vez mais responsabilidades ambientais aos consumidores e empresas, parece bastante provável que estas em breve sejam obrigadas a medir e divulgar sobre os progressos nos esforços para reduzir suas emissões de carbono.

Padrões comuns

Hoje, é impossível pensar na realidade das empresas sem a existência de informações financeiras padronizadas. Imagine se as organizações tivessem de funcionar com base em estimativas de sua situação financeira em vez de números precisos, ou se cada uma adotasse sistemas de sua própria concepção. Foi isso o que aconteceu na auditoria das emissões de carbono no início dos anos 2000. Mas a situação está mudando com o desenvolvimento de um sistema uniforme de dados sobre o carbono. Com a implementação desses padrões, as empresas terão de monitorar de forma detalhada suas emissões de carbono e enviar os informes a um órgão independente para avaliação.

🔍 PARA PENSAR... AS EMPRESAS TERÃO DE FAZER RELATÓRIOS VERDES?

Alguns governos estudam a possibilidade de introduzir leis que obriguem todas as empresas a informar suas emissões. A medida faz sentido, já que os países que estabeleceram metas para reduzir a poluição, como a China e o Reino Unido, precisam medir suas emissões de forma metódica e padronizada para aferir os avanços. Mas o principal argumento positivo é que muitas organizações se dizem favoráveis à obrigatoriedade do informe das emissões, pois creem que o instrumento irá sistematizar a informação e incentivar as empresas que ainda relutam a tomar medidas para reduzir suas emissões.

Divulgação voluntária

Existe uma tendência para que as empresas informem seus progressos na área ambiental por iniciativa própria. O Carbon Disclosure Project, por exemplo, é uma organização independente que estimula as empresas a revelar suas pegadas de carbono. Desde sua criação em 2000, o projeto cresceu e conta com o apoio de nomes como Rupert Murdoch, Bill Clinton e Angela Merkel. O argumento da entidade para a apresentação voluntária é que não se pode gerenciar aquilo que não for medido – e que, ao assumir a liderança na informação sobre suas emissões, as empresas podem abrir caminhos em seu setor de atuação.

Mais um relatório?

A experiência das empresas que já relatam seus progressos (mesmo sem serem obrigadas) aponta para um exercício útil, mas que também consome tempo e pode exigir a dedicação exclusiva de um profissional. Como o informe das emissões está relacionado à pegada de carbono, quem já faz medições está preparado para divulgar os relatórios, sejam eles obrigatórios ou não.

A divulgação dos informes de carbono talvez coincida com os relatórios financeiros, o que pode ser bastante útil. Ao examinar os dois documentos ao mesmo tempo, você terá a oportunidade de ter *insights* interessantes sobre esses dois aspectos do seu negócio.

POSTURA POSITIVA

PISTA CERTA	CONTRAMÃO
Estamos calculando a pegada de carbono da empresa.	Nossa empresa não causa impacto ao meio ambiente.
As mudanças climáticas afetam a todos e temos de contribuir.	As mudanças no clima não são problema da nossa empresa.
Estamos dedicando tempo e esforços para encontrar maneiras de reduzir nosso impacto ambiental.	Não sabemos se isso vai nos afetar porque nem pensamos no assunto.

Novas oportunidades

Assim como em qualquer outra área de negócio, os desafios ambientais que o mundo enfrenta vão abrir oportunidades para quem mantiver um olhar atento para o futuro. Faz parte dessa postura aberta buscar caminhos para assumir a liderança em novos campos, ampliar as perspectivas de atuação e desenvolver relações mais estreitas com os clientes.

E amanhã?

DICA

PENSAMENTO INOVADOR
Tenha em mente que existe um mar de novas ideias à sua volta. Faça reuniões regulares com sua equipe e incentive as pessoas a falar sobre temas atuais e possibilidades para o futuro.

Em todo o mundo, já existem exemplos de empresas que identificaram oportunidades rapidamente e hoje colhem os frutos desta visão de futuro. Aqueles que investiram em fontes renováveis para produzir a energia que consomem, por exemplo, economizam nas contas de um item cujos preços aumentam em escala global. Organizações que reduziram viagens e simplificaram redes de distribuição ou que investiram em veículos mais leves e embalagens racionais estão economizando combustível. E, em alguns casos, quem investiu em empresas de energias renováveis conseguiu uma grande valorização. O desafio de hoje pode ser o segredo do sucesso nos dias que virão.

ESTUDO DE CASO

O que o mercado espera

Nas últimas décadas, a empresa japonesa Toyota, fundada em 1937, esteve na vanguarda do mercado de automóveis. O sucesso veio do esforço em "farejar" o que os consumidores querem e oferecer antes. Nos anos 1970, com a crise do petróleo, a Toyota colocou no mercado americano carros menores e mais econômicos para competir com os modelos locais, ainda equipados com motores enormes.

A mesma coisa aconteceu 20 anos depois: enquanto os fabricantes norte-americanos criavam veículos imensos tipo SUV, a Toyota concentrou-se em aperfeiçoar seu motor híbrido. Quando o preço da gasolina começou a subir e a preocupação com as mudanças climáticas tornou-se ampla, a empresa estava posicionada para atender à demanda por veículos mais ecológicos. Em 2008, foi considerada a maior automobilística do mundo.

Quem vai liderar?

Empresas ágeis estão sempre alertas para as oportunidades de êxito no futuro. Algumas áreas promissoras:

- **Novos produtos** É imenso o espaço para a criação de produtos realmente úteis e com menor impacto sobre o meio ambiente.

- **Energias limpas** As grandes empresas já entenderam a importância das novas energias e hoje investem em pesquisa e desenvolvimento. Quem apresentar um modelo viável de negócio para a produção de energia verde terá seu lugar garantido no futuro.

- **Consultoria** Cada vez mais as empresas precisam de orientação para enfrentar os novos desafios. Quem estiver preparado para avaliar, auditar e fornecer orientação especializada vai encontrar demanda para seus serviços.

- **Especialistas verdes** Quando as exigências legais tornarem-se mais intensas, as empresas tenderão a procurar profissionais com formação específica para atribuições como o monitoramento e relatórios sobre os avanços ambientais. Quem tiver conhecimento aliado à experiência será valorizado.

Índice

A

adaptação às mudanças 52-3
agricultura, biocombustíveis 61
água
    auditoria verde 24-5
    desabastecimento 52-3
    enchentes 11, 13, 52-3
    fontes renováveis 56-8
    transporte 37
análise do ciclo de vida 27
ar comprimido, combustíveis alternativos 60
aterros 9, 11
auditoria verde 24-7
autoavaliação 24-7
avião, viagens 36
  créditos de carbono 15
  efeitos das mudanças climáticas 13
  gases do efeito estufa 11

B

bancos 41
benchmarks, redução das emissões 14
biocombustíveis 34, 61

C

cadeia de fornecedores 38-9
calor 52-3
carbono: análise do ciclo de vida 27
  auditoria verde 25
  benefícios da redução 8
  comércio 15, 62-5
  compensação 62, 64-5
  estratégia verde 21
  geração de energia 56
  informes 30, 66-7
  limites 30
  medição 26-7
  neutralidade 26, 65
  pegada de 26-7
  superavit 65
  transporte 36-7
  tratados internacionais 14
carro, viagens de 36-7
carros:
    elétricos 61
    híbridos 61
células fotovoltaicas 57, 59
certificação
    créditos de carbono 63
    políticas de responsabilidade social 47
    selos verdes 39
Chicago Climate Exchange 30, 63
cimento 11, 30
combustíveis
    biocombustíveis 34, 61
    desabastecimento 53
    fósseis 11, 56, 60
    limpos 60-1
computadores 29
comunicação 42-51
    envolvimento do consumidor 50-1
    estratégia verde 21
    marketing 48-9
    política consistente 44-5
    relatórios 46-7
Conergy 59
construção, empresas de reciclagem 35
  redução de resíduos 33-4
consultoria 69
consumidores
    comunicação 42-3
    envolvimento 50-1
    pegada de carbono 27
    pressão 8
créditos de carbono 62-4
crescimento
    demográfico 15

D

desabastecimento de energia 53
desastres climáticos 11-2, 52-3
desertificação 11
desmatamento 15
dióxido de carbono 10-1
DuPont 8

E

eletricidade
    corte de abastecimento 53
    fontes renováveis 56-7
    gases do efeito estufa 11
    microgeração 59
    redução de uso 28-31
    veículos elétricos 61
eletrônicos, reciclagem 35
elevação do nível do mar 11, 13
embalagem, redução de resíduos 33
enchentes 11, 13, 52-3
energia
    auditoria verde 24-5
    cortes de fornecimento 53
    desabastecimento 53
    efeito estufa 10
    elevação dos custos 12
    eólica 15, 57-9
    fontes renováveis 15, 29, 56-9
    fornecedores 29
    medição 31
    microgeração 59
    reciclagem 35
    redução de uso 28-31
    uso na indústria 30
equipe
    apresentação da nova estratégia 22-3
    carona 36-7
    comunicação com clientes 43
    moral 22-3
    trabalho em casa 7
escritórios
    redução dos resíduos 35
    uso de energia 28
especialistas em assuntos ambientais 69
estiagem 52-3
ética nas finanças 40-1
European Emission Trading Scheme 14, 30, 63-4
Eurostar 44

F

finanças, ética nas 40-41
florestas tropicais, desmatamento 15

G

gases do efeito estufa (GEEs) 10-1, 30
General Motors 34
geotérmica, energia 57-8
Greenhouse Gas Protocol 26
greenwash 39, (44-5)

H

halocarbonos 10-1
hidrelétrica, energia 56, 58
hidrogênio 60
Honda 49, 61

I

iluminação 35, 54
impacto ambiental, estudo de 25
indústria, uso da energia 30
inovação 68-9
internet, fóruns 51
investimentos éticos 40-1
ISO, certificação 47
isolamento térmico 59

K

Kyoto, protocolo de 14, 62, 63

L

lojas, uso de energia 30
"lavagem verde" *veja greenwash*

M

marés, energia das 56, 58
marketing 48-9
McDonald's 30, 32
mercado, créditos de carbono 63
metano, gás 10-1, 64
microgeração de energia 59
mudanças climáticas 9, 10-5, 53

O

ondas, energia das 57-8
óxido nitroso 10-1

P

Painel Intergovernamental sobre Mudanças Climáticas 9
pegada de carbono
    análise do ciclo de vida 27
    medição 26, 65
    rótulos 43, 50
petróleo 9, 11, 56
planejamento 20-1
poluição 9, 14
publicidade 43, 44-5, 49

R

reaproveitamento
    de materiais 34
reciclagem 35
recursos
    cadeia de fornecedores 38-9
    planejamento da estratégia verde 21
regulamentações 21, 25
relatórios ambientais 46-7, 66-7
renováveis, fontes de energia 56-9, 68
resíduos 12, 18
    aterros 9, 11
    auditoria verde 25
    biocombustíveis 61
    planejamento da estratégia verde 21
    reaproveitamento de materiais 34
    reciclagem 35
    redução de uso 32-5
responsabilidade social, políticas 46-7
rótulos
    envolvimento do consumidor 50
    verdes 39

S

seguros 12, 53
sistemas de aquecimento 31, 55
supermercados 30
sustentabilidade 18, 21, 38

T

tecnologia da informação, uso de energia 29
tecnologia, avanços 54-5
tempestades 52, 53
termal, energia 57, 59
Timberland 43
Toyota 7, 34, 61, 68
transporte 36-7
    combustíveis verdes 60-1
    soluções alternativas 37, 68
trem, viagens 37

W

Wal-Mart 16, 34, 61

Agradecimentos

Agradecimentos da autora
A autora agradece à equipe do *Forum for the Future, Greenstone Carbon Management, Carbon Disclosure Project, Ethical Corporation* e ao *GNL Social and Community Affairs* pela colaboração, além das pessoas que ajudaram a desvendar o caminho para tornar-se verde. Agradece às equipes da cobalt id e da Dorling Kindersley, em especial a Mike, Sam, Ben e Joe.

Agradecimentos da Dorling Kindersley
A Dorling Kindersley gostaria de agradecer a Neil Mason, Hilary Bird (índice) e Charles Wills, que atuou na versão americana do livro.

Imagem da capa
Corbis Super RF

Créditos das fotos
A editora agradece às seguintes pessoas pela permissão de uso das imagens:

1 iStockphoto.com: Ettore Marzocchi; 4-5 iStockphoto.com: Grafissimo; 8-9 iStockphoto.com: Boguslaw Mazur; 12-3 iStockphoto.com: David Marchal; 15 (inferior, extrema esquerda) iStockphoto.com: 7nuit; 15 (inferior, esquerda) iStockphoto.com: 7nuit; 15 (inferior, direita) iStockphoto.com: 7nuit; 15 (inferior, extrema direita) iStockphoto.com: 7nuit; 19 iStockphoto.com: Pali Rao; 22 iStockphoto.com: Rebecca Grabill; 26-7 iStockphoto.com: LoopAll; 29 iStockphoto.com: sweetym; 31 Alamy images: PSL Images; 33 iStockphoto.com: gabyjalbert; 34 iStockphoto.com: gabyjalbert; 35 iStockphoto.com: gabyjalbert; 36-7 Corbis: Matthias Kulka/zefa; 39 iStockphoto.com: Russell Tat; 40 (inferior) iStockphoto.com: Edward Grajeda; 40 (centro, à direita) iStockphoto.com: appleuzr; 44-5 iStockphoto.com: Grafissimo; 50-1 iStockphoto.com: Ryan Burk; 56-7 Corbis: Mark A. Johnson; 59 Alamy images: Michael McKee; 60-1 iStockphoto.com: Leon Goedhart; 63 iStockphoto.com: Stephen Strathdee

Foram feitos todos os esforços para identificar e dar os créditos aos titulares de direitos autorais. O editor pede desculpas por qualquer omissão e se dispõe a incluir a informação correta nas futuras edições.